SEASON 5
★★★ ★★★

능격 향상

(주)지아이에듀테크 오상열 저

쉽게 배우고
생활에 바로 쓰는
유튜브
크리에이터

iCox
Education by Sympathy

쉽게 배우고 생활에 바로 쓰는
유튜브 크리에이터

초판 1쇄 인쇄 2024년 8월 16일
초판 1쇄 발행 2024년 8월 26일

지은이 (주)지아이에듀테크 오상열
펴낸이 한준희
펴낸곳 (주)아이콕스

디자인 프롬디자인
영업 김남권, 조용훈, 문성빈
경영지원 김효선, 이정민

Education by Sympathy

주소 경기도 부천시 조마루로 385번길 122 삼보테크노타워 2002호
홈페이지 www.icoxpublish.com
쇼핑몰 www.baek2.kr (백두도서쇼핑몰)
이메일 icoxpub@naver.com
전화 032-674-5685
팩스 032-676-5685
등록 2015년 7월 9일 제 386-251002015000034호
ISBN 979-11-6426-251-9 (13000)

36년째 컴퓨터와 스마트폰 강의를 하면서 늘 고민합니다. "더 간단하고 쉽게 교육할 수는 없을까? 더 빠르게 마음대로 사용하게 할 수는 없을까?" 스마트폰에 대한 지식이 없으며 한글도 영어도 모르는 서너 살 아이가 컴퓨터와 스마트폰을 사용하는 것을 보고 어른들은 감탄합니다.

무엇을 배울 때 노트에 연필로 적어가며 공부하던 아날로그적 방식으로 첨단 기기를 배우는 것보다, 어린 아이들처럼 직접 사용해 보면서 경험적으로 습득하는 것이 가장 빠른 배움의 방식입니다. 본 도서는 저의 다년간 현장 교육의 경험을 살려 꼭 필요한 방식으로 쉽게 접근할 수 있도록 했으며, 책만 보고 무작정 따라하다 발생할 수 있는 실수와 오류를 바로잡았습니다. 컴퓨터를 활용하는 데 꼭 필요한 핵심 내용을 중심으로 집필했기 때문에 예제를 반복해서 학습하다 보면 어느새 원리를 이해하고 활용할 수 있는 단계에 오르게 될 것입니다.

쉽게 배우고 생활에 바로 쓸 수 있게 집필된 본 도서로 여러분들의 능력이 향상되기를 바랍니다. 물론 본 도서는 여러분의 컴퓨터 능력을 향상시킬 수 있는 수많은 방법 중 한 가지라는 말씀도 드리고 싶습니다.

교육 현장에서 늘 하는 말이 있습니다.
"컴퓨터는 종이다. 종이는 기록하기 위함이다."
"단순하게, 무식하게, 지겹도록, 반복하세요. 단.무.지.반! 하십시오."
처음부터 완벽하지는 않겠지만 차근차근 익히다 보면 어느새 만족할 만한 수준의 사용자로 우뚝 서게 될 것입니다.

끝으로 이 책이 나올 수 있도록 도움을 주신 지아이에듀테크, ㈜아이콕스의임직원 여러분들께 감사의 마음을 전합니다.

㈜지아이에듀테크 오상열

QR 코드 사용법

★ 각 CHAPTER 마다 동영상으로 더 쉽게 학습할 수 있도록 QR 코드를 담았습니다. QR 코드로 학습 동영상을 시청하는 방법은 다음과 같습니다.

01 Play스토어에서 네이버 앱을 ❶설치한 후 ❷열기를 누릅니다.

 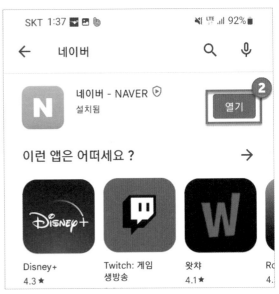

02 네이버 앱이 실행되면 검색상자의 ❸동그라미(그린닷) 버튼을 누른 후 ❹QR바코드 메뉴를 선택합니다.

03

본 도서에서는 **Chapter**별로 상단 제목 왼쪽에 **❺QR 코드**가 있습니다. 스마트폰의 화면에 QR 코드를 사각형 영역에 맞춰 보이도록 하면 QR 코드가 인식되고, 상단에 동영상 강의 링크 주소가 나타납니다. **❻동영상 강의 링크 주소**를 눌러 스마트폰으로 학습할 수 있습니다.

※ 유튜브에서 동영상 강의 찾기

유튜브(www.youtube.com)에 접속하거나, 유튜브 앱을 사용하고 있다면 **지아이에듀테크**를 검색하여 동영상 강의를 들을 수 있습니다. 재생목록 탭을 누르면 과목별로 강의를 찾아볼 수 있습니다.

목 차

교재예제 다운로드하기

본 도서의 예제 파일은 출판사 홈페이지에서 다운로드할 수 있습니다.
▶ 아이콕스 홈페이지(www.icoxpublish.com)
▶ 자료실 > 도서부록소스 메뉴에서 도서 제목을 찾아 다운로드하세요.
▶ 다운로드한 파일의 압축을 해제하고, 로컬 디스크(C:)로 복사해 사용합니다.

CHAPTER 01

유튜브 알아보기

유튜브는 남녀노소를 막론하고 가장 많이 사용하는 스마트폰 앱이며, 방송국에서도 많이 활용하는 플랫폼이 되었습니다. PC에서는 크롬 브라우저를 이용하여 많이 시청하며, 로그인을 하면 내가 만든 동영상을 공유할 수 있습니다.

🔍 결과화면 미리보기

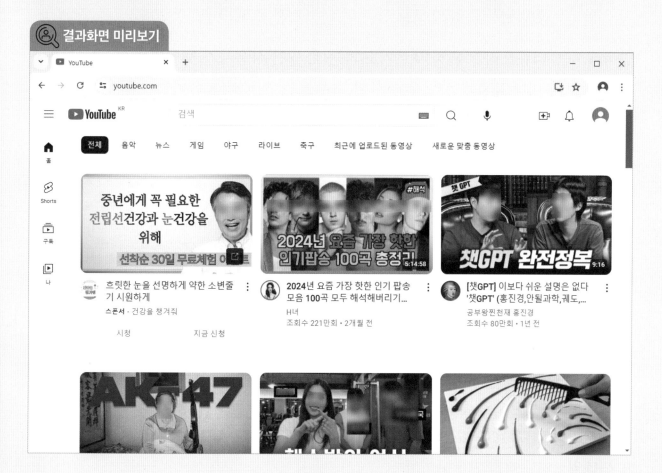

무엇을 배울까?

❶ 유튜브 용어 살펴보기
❷ 크롬 브라우저 설치하기
❸ 구글 계정 로그인하기

❹ PC 유튜브 둘러보기
❺ 스마트폰 유튜브 둘러보기

유튜브(YouTube)는 2005년에 서비스를 시작한 **동영상 공유 플랫폼**입니다. 스티브 챈, 채드 헐리, 자베드 카림 세 명의 공동창업자가 2005년에 회사를 창업하였고, 2006년 구글이 인수하여 서비스를 제공하고 있습니다.

창업 당시 로고(2015년)　　　　　현재 로고(2017년~)

한국에서는 '너튜브'라고 흔히 부르기도 하는데, 월간 사용자가 38억명에 달하는 전세계 최대 규모의 비디오 플랫폼입니다. 사실 '유튜브'는 영국식 발음이며, 미국식 발음으로는 '유투브'라고 합니다.

유튜브 용어

1. **유튜버** : 유튜브에 영상을 업로드하는 사람
2. **크리에이터** : 본인이 만든 영상을 업로드하는 사람
3. **구독** : 관심 있는 채널에 새로운 영상이 올라오면 알림을 받을 수 있고 비슷한 성향의 영상이 추천되어 표시됨
4. **좋아요** : 유튜버의 영상에 호감을 표시하여 추천함
5. **댓글** : 영상에 글을 남겨 유튜버와 다른 구독자들과 소통하는 방식
6. **브이로그** : 비디오와 블로그의 합성어, 자신의 일상을 촬영한 영상
7. **스트리밍** : 유튜브를 이용하여 동영상을 실시간으로 전송하는 기술
8. **썸네일** : 영상 미리보기 이미지
9. **언박싱** : 제품을 구매한 후 포장된 그대로 물건 포장을 풀어내면서 보여주는 콘텐츠
10. **하울** : 구매한 물건을 품평하는 내용을 담은 영상을 지칭
11. **인플루언서** : SNS에서 수많은 팔로워를 통해 대중에게 영향력을 미치는 사람

12. **루틴** : 어떤 일을 수행할 때 자신이 하고 있는 자신만의 순서를 소개하는 영상

13. **ASMR** : 주변을 최대한 조용하게 만든 뒤 먹는 소리, 바스락거리는 소리, 빗방울 떨어지는 소리 등 어떤 동작에 대한 소리를 담은 콘텐츠

MZ세대 용어

MZ세대란 밀레니얼세대+Z세대를 의미하는 것으로, 1981년부터 2010년 사이에 출생한 사람을 말하며, 언론을 통해 갑작스럽게 유행하게 된 신조어입니다. 그들은 디지털 환경에 익숙하며 자신의 개성을 중시하며 자유로운 생각을 갖고 재미를 추구하면서도 사생활 존중을 중요하게 생각합니다. 유튜브 영상을 보는 도중에 흔히 접할 수 있는 몇 가지 대표적인 신조어들을 소개합니다.

1. **맞구독** : 유튜버끼리 서로 구독을 해주는 것

2. **구취** : 구독을 취소하는 것

3. **임구** : 이미 구독하였다는 의미

4. **부구** : 부계정으로 구독하였다는 것

5. **알완, 좋완, 구완** : 알림 완료, 좋아요 완료, 구독 완료

6. **유하, 유바** : 유튜브 하이, 유튜브 바이

7. **전공, 나공, 후공** : 전체 공개, 나만 공개, 추후 공개

8. **반모, 반박** : 반말 모드, 반말 모드 박탈

9. **좋테, 싫테** : 좋아요 테러, 싫어요 테러

10. **지뺏** : 지인 뺏기

11. **영참, 댓참, 설참** : 영상 참고, 댓글 참고, 설명 참고

12. **어그로, 어글끈다** : 억지로 관심을 끌어 영상을 보도록 하는 것

13. **즐감, 도금** : 즐거운 감상, 도용 금지

14. **실친** : 실제 친구

15. **저격** : 누군가를 대상으로 지적하거나 비판하는 영상을 제작

STEP 2 ▷ 크롬 브라우저 설치하기

01 바탕화면에서 **Microsoft Edge** 브라우저를 더블클릭으로 실행합니다.

02 검색 상자에 ❶"구글크롬"을 입력하고 아래 검색목록에 표시된 ❷[구글크롬 다운 로드]를 클릭합니다.

03 검색 결과에서 **[Chrome 웹브라우저-Google]**을 찾아서 클릭합니다. 순서나 위치는 그림과 다르게 표시될 수 있습니다.

04 새로 열린 페이지에서 **[Chrome 다운로드]**를 클릭합니다. 아래에 표시된 '~개선에 참여합니다'라는 메시지는 체크를 해제하더라도 설치하는데 문제가 되지는 않습니다.

05 다운로드를 시작하면 오른쪽 상단에 다운로드 버튼이 표시됩니다. 다운로드가 완료된 후 **[파일 열기]**를 클릭합니다.

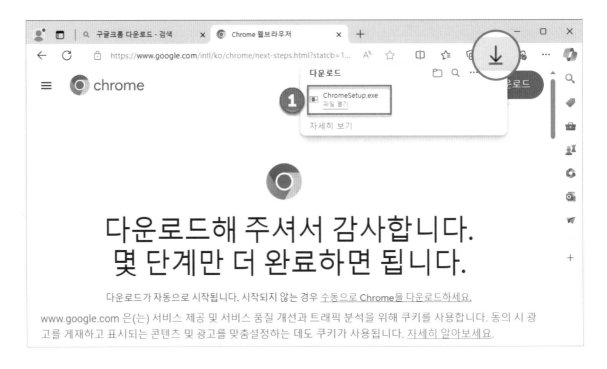

06 설치가 끝나고 크롬이 실행된 화면입니다. 기본값 설정은 하지 않아도 되므로 여기에서는 그냥 **[닫기]** 버튼을 클릭합니다.

STEP 3 > 구글 계정 로그인하기

01 크롬 브라우저를 실행한 후, 우측 상단의 ❶[Google 앱] 버튼을 클릭한 다음 ❷
[검색]을 선택합니다.

02 이메일 또는 휴대전화 칸에 본인 구글 계정 ❶[Gmail 주소]를 입력하고 ❷[다음]
을 클릭합니다.

스마트폰 [Play 스토어]의 오른쪽
상단의 **계정**을 터치하면 보이는
것이 본인의 Gmail 주소입니다.

03 계정이 맞으면 다음과 같이 왼쪽에 **계정 이름**이 나온 상태에서 오른쪽에 비밀번
호를 입력하는 칸이 나옵니다. 본인의 ❶[비밀번호]를 입력한 후 ❷[다음]을 클릭
합니다.

04 비밀번호가 맞으면 다음과 같이 계정 확인 작업을 위한 장면이 나옵니다. **스마트폰**으로 본인확인 과정을 수행해야 하며, 본인 확인을 마치면 아래의 화면은 자동으로 사라집니다.

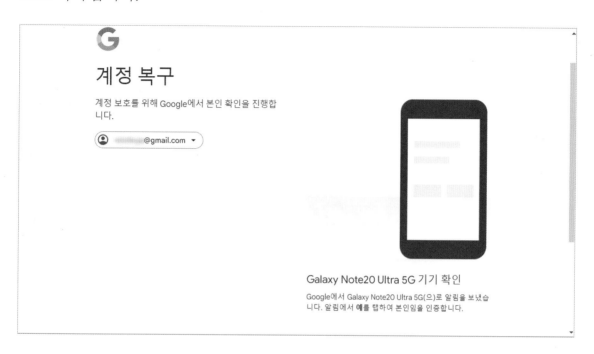

05 스마트폰 화면에 다음과 같이 나오고 **[예, 본인이 맞습니다]**를 누르면 컴퓨터에서 다음 화면으로 넘어갑니다.

STEP **4** ▶ **PC 유튜브 둘러보기**

01 **크롬 브라우저**를 실행하여 **[로그인]**을 한 후 **❶[Google 앱]**에서 **❷[YouTube]**를 선택합니다.

02 **❶[검색어]**를 입력해 영상을 검색한 후 **❷[필터]**를 클릭합니다. 필터링을 하면 원하는 영상을 빠르게 찾을 수 있습니다.

03 최근에 올라온 영상을 위주로 검색을 하려면 **[업로드 날짜]**를 클릭합니다.

04 쇼츠와 동영상이 최근에 올라온 순서대로 목록을 만들어서 보여줍니다. **[필터]**
▶ **[조회수]**를 클릭해서 시청을 많이 한 영상을 순서대로 찾아 보세요. 검색어가
포함된 다른 영상이 나올 수도 있습니다.

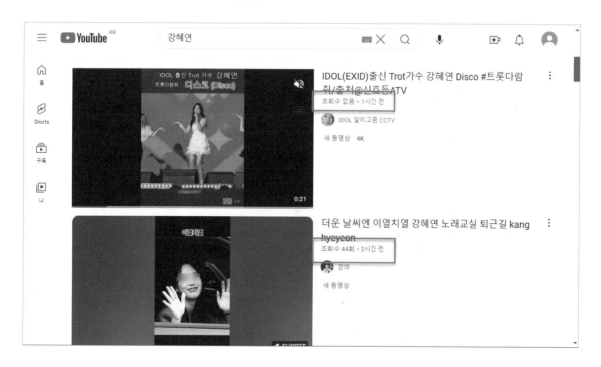

05 동영상 재생 속도를 빠르게 들어보기 위해 **"세바시 정희원"**을 검색한 후, 아래의 영상을 클릭합니다.

06 유튜브의 유료 회원이 아닌 경우 다음과 같이 영상에 광고가 표시됩니다. 표시된 광고를 잠깐 보면 **[건너뛰기]**가 나옵니다.

07 마우스를 영상 위에 올려 놓고 ❶[설정](톱니바퀴)을 클릭한 후 ❷[재생 속도]를 클릭합니다.

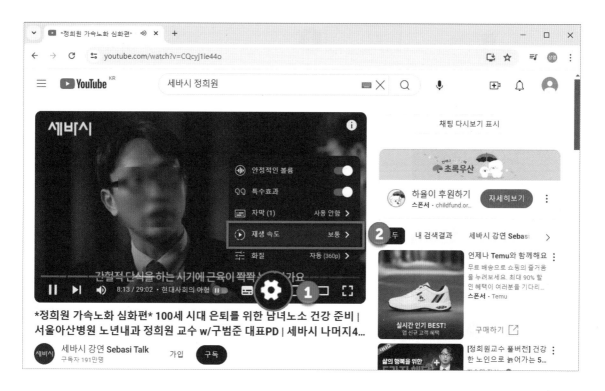

08 [1.5]배 속도를 클릭하면, 좀 더 빠르게 감상할 수 있습니다.

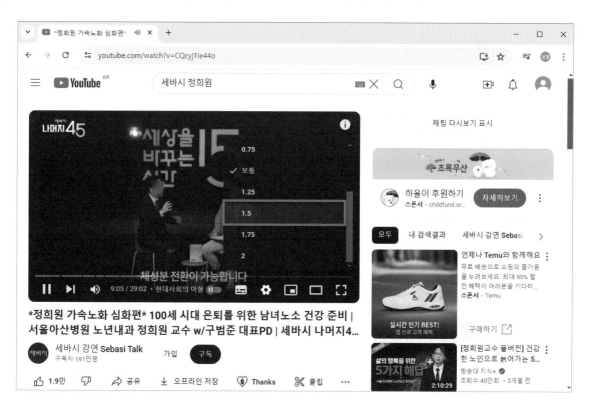

09 이번에는 ❶"고혈압 식단"을 검색한 후 ❷[필터]를 클릭하여 ❸[조회수] 필터링
을 적용시킵니다.

10 조회수가 많은 순서로 영상이 나열됩니다. 제목이나 썸네일의 내용을 살펴본 후
보고 싶은 영상을 클릭합니다.

01 스마트폰에서 [YouTube] 앱을 실행한 후, 우측 상단의 [돋보기]를 누릅니다.

02 "강혜연 디스코"를 검색한 후, 우측 상단의 [기타옵션]을 누릅니다.

03 [검색 필터]를 누르고, 정렬기준의 [관련성]을 누릅니다.

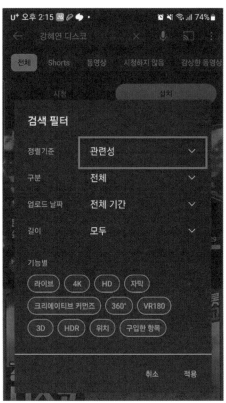

04 [조회수]를 눌러서 [적용]하고, 가장 많이 본 영상을 시청합니다. 검색 기록을 지우려면 검색했던 것을 길게 누른 후 [삭제]를 누릅니다.

혼자서 연습하기

1 PC 유튜브에서 **"임영웅"** 영상을 검색하고 **[조회수]**가 가장 많은 영상을 필터링하여 시청해 보세요.

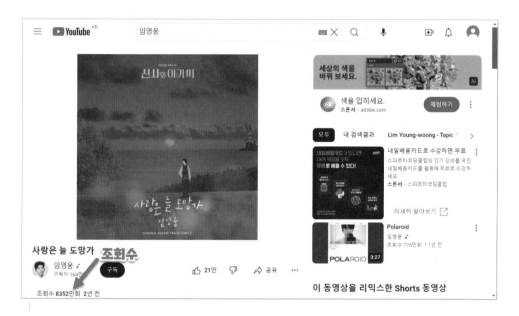

2 **"송가인"**을 검색해서 가장 최근에 올라온 영상으로 필터링하세요.

CHAPTER

02

나도 유튜브 크리에이터

스마트폰으로 촬영한 사진이나 영상을 유튜브에 업로드하기만 하면 누구나 유튜브 크리에이터가 될 수 있습니다. 유튜브에 본인의 채널을 만들고 멋진 크리에이터가 되기 위해 차근차근 준비해 보겠습니다.

결과화면 미리보기

무엇을 배울까?

❶ 채널 만들고 변경하기
❷ 16:9 영상 올리기

❸ 숏츠(9:16) 영상 올리기
❹ 라이브 스트리밍 인증받기

STEP 1 ▸ 채널 만들고 변경하기

01 **[유튜브]**를 실행한 후 ❶**[계정]** 아이콘을 클릭한 다음 ❷**[채널 만들기]**를 선택합니다. 만약 **[내 채널 보기]**라고 나오면 이미 채널이 개설된 상태임을 의미합니다.

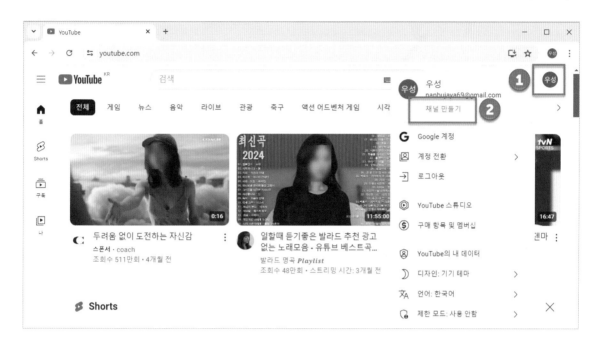

02 채널 이름을 정했으면 ❶**[채널명]**을 입력한 후 ❷**[채널 만들기]**를 클릭합니다. 채널 이름은 추후에 변경할 수 있습니다.

03 아래와 같이 채널이 바로 만들어졌습니다. 해당하는 용어를 미리 알아두면 이후에 내용을 이해하는데 도움이 됩니다.

04 [계정 아이콘]을 클릭하면 [내 채널 보기]로 변경되었습니다. 다음부터 내 채널로 이동하기 위해서는 이곳을 클릭합니다.

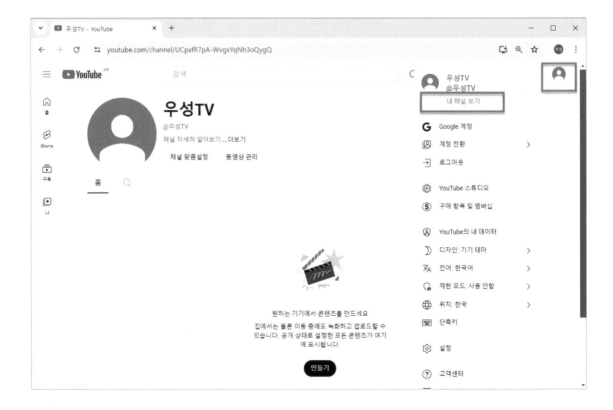

05 채널을 변경하기 위해서 채널 설명 아래에 있는 [채널 맞춤설정] 단추를 클릭해도 되지만, 여기에서는 **[채널 아이콘]**을 클릭해서 열어봅니다.

06 **❶[계속]**을 클릭하여 환영 메시지 창을 닫은 후 **❷[닫기]**를 클릭합니다. 파란 말풍선에 도움말이 나오므로 닫기 전에 한 번씩 읽어 보세요.

07 채널 맞춤설정 창에서 ❶[기본 정보]탭을 클릭해서 ❷[이름]에 채널명을 다른 것으로 변경할 수 있습니다. 채널명은 14일 내에 2번만 변경 가능하므로, 변경할 때는 신중하게 결정합니다.

08 [설명]란에 ❶채널 운영취지 등을 입력하고 ❷채널 URL은 이전에는 변경할 수 있었으나 현재는 핸들을 변경해서 사용합니다. ❸[게시]를 클릭해서 변경 내용을 유튜브 서버에 전송합니다.

09 ❶[계정 아이콘]을 클릭해서 ❷[내 채널]을 선택하면, 내 채널 **홈 화면**이 나옵니다. 변경된 내용을 확인해 보세요.

10 설명란 끝에 있는 **[더보기]**를 클릭하면 설명란에 입력한 내용이 모두 보이고, 채널 세부정보까지 표시가 됩니다. 확인한 후 **[X]**를 눌러 창을 닫아줍니다.

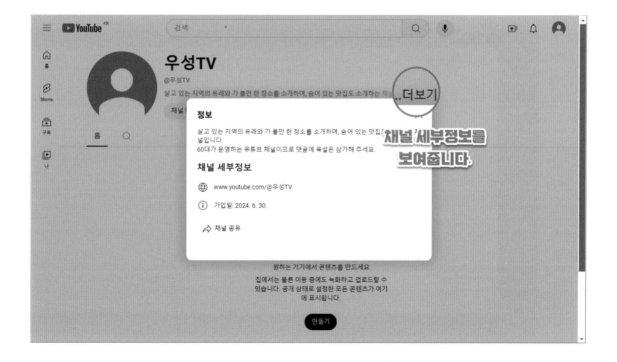

01 우측에 카메라 모양의 ❶[만들기]를 클릭하고 ❷[동영상 업로드]를 선택합니다.

02 **[파일 선택]**을 클릭하면 영상이 저장된 곳을 찾아보는 대화상자가 열립니다.

03 ❶[로컬 디스크(C:) > 교재예제(유튜브)] 폴더로 이동한 후 ❷[서대문인공폭포] 영상 파일을 선택한 다음 ❸[열기]를 클릭합니다. 교재예제는 아이콕스 홈페이지 (www.icoxpublish.com) 자료실에서 다운로드한 다음 하드디스크에 압축을 풀어서 사용합니다.

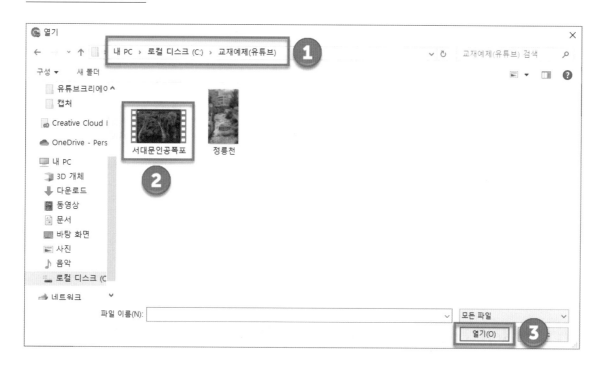

04 ❶제목은 파일이름이 입력되었지만 수정하고, ❷설명에는 영상에 대한 상세한 소개 글을 입력합니다. ❸현재 진행상태에 현재 무슨 단계를 작업하고 있는지가 표시됩니다. 마우스 휠을 아래로 굴려서 스크롤 합니다.

05 마우스 휠을 아래로 굴려서 아래처럼 내려가면, 처음이라 **파란 말풍선**들이 몇 번 나오는데 **[닫기]**를 클릭합니다.

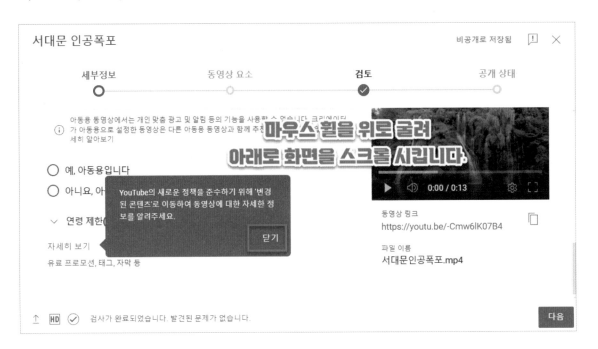

06 **시청자층**은 반드시 선택해야 하는데 ❶**[아니요, 아동용이 아닙니다]**를 선택하고 ❷**[다음]**을 클릭합니다. 세부정보는 항상 이렇게 입력해야 하므로 다음에도 동일한 작업을 미리 설정하면 번거로운 과정을 건너뛰기를 할 수 있습니다.

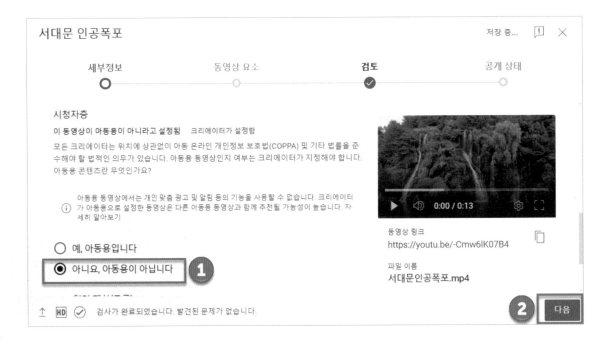

07 **동영상 요소**를 추가할 수 있는 단계가 보이고 있습니다. 아직 영상이 업로드된 것이 없어 비활성화이고, 자막 추가도 설정이 안되어 있어서 비활성화 상태입니다. 여기에서는 그냥 **[다음]**을 클릭합니다.

08 **검토** 단계로 넘어왔는데, 영상에 포함된 영상 클립, 오디오 클립에 저작권이 문제가 되는지 검토하는 장면입니다. 아직 **수익창출**을 하지 않았으므로 저작권에 문제가 되더라도 영상이 무조건 삭제가 되는 것은 아닙니다. **[다음]**을 클릭합니다.

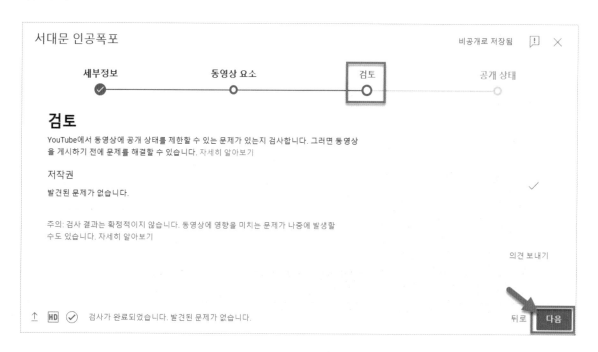

09 **공개 상태** 단계로 넘어왔습니다. 일반적으로 초안 작성할 때는 **[비공개]**로 한 후 정보를 정확하게 입력하고 마무리한 다음 **[공개]**를 하는 것이 맞지만, 지금은 ❶**[공개]**를 선택한 후 ❷**[게시]**를 클릭합니다.

※ **비공개**는 나와 내가 선택한 사람만 시청가능하고, **일부 공개**는 영상주소를 공유해서 해당 링크를 통해서만 시청할 수 있습니다.

10 동영상 링크까지 완료되었으면 **[닫기]**를 클릭합니다.

11 채널 콘텐츠에 업로드된 영상이 보입니다. 현재는 채널 스튜디오에 있으므로 ❶[계정 아이콘]을 클릭한 후 ❷[내 채널]을 클릭해 내 채널의 홈 화면으로 이동합니다.

12 내 채널에서 공개된 영상을 확인할 수 있습니다. 내 채널이기 때문에 [채널 맞춤설정]과 [동영상 관리]가 보이고 있는데, 내가 아닌 다른 시청자에게는 보이지 않습니다.

STEP 3 ▸ 숏츠(9:16) 영상 올리기

01 업로드하는 영상 비율이 **9:16**, 즉 스마트폰 **세로**로 촬영한 영상은 자동으로 **숏츠** 업로드 화면이 나타나게 됩니다. ❶[만들기]를 클릭하고 ❷[동영상 업로드]를 선택합니다.

02 동영상 업로드 대화상자가 나오면 [파일 선택]을 클릭합니다. 참고로 영상을 올리다 업로드 마무리를 못하고 나가게 될 경우는 [비공개]로 처리가 됩니다. 그리고 파일 선택창에서 여러 파일을 한꺼번에 선택해서 올릴 수도 있습니다.

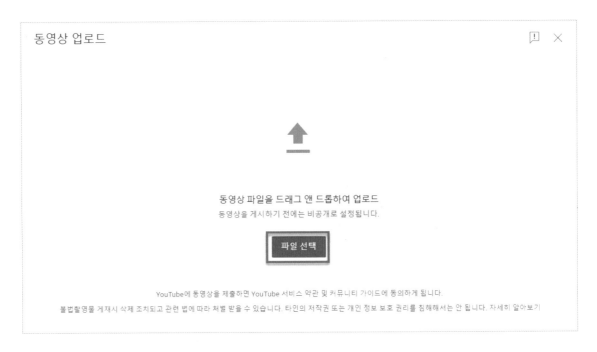

03 ❶**교재예제(유튜브)** 폴더에서 ❷**[정릉천]** 영상 파일을 선택한 후 ❸**[열기]**를 클릭합니다.

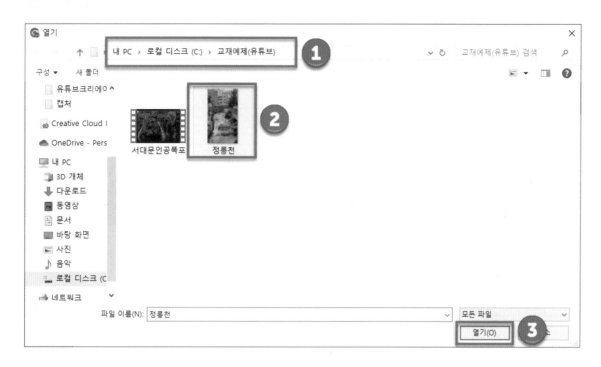

04 **세부정보** 단계에서 ❶**[제목]**을 입력하고 ❷**[설명]**에 영상에 대한 상세한 내용을 입력한 다음 **마우스 휠을 아래**로 굴려서 페이지 하단에 있는 내용을 더 봅니다.

05 시청자층을 ❶[아니요, 아동용이 아닙니다]로 선택한 후 ❷[다음]을 클릭합니다. 16:9 영상을 올릴 때와는 다르게 [미리보기] 썸네일을 올리는 항목이 없습니다.

06 **동영상 요소** 단계에서 [관련 동영상 추가]가 활성화된 것은 이미 앞에서 업로드한 영상이 있기 때문입니다. 만약 지금 올리는 영상과 관련있는 영상이라면 [추가]를 해서 영상이 끝날 때 [영상 카드]로 나올 수 있습니다. 여기에서는 그냥 [다음]을 클릭해서 넘어가겠습니다.

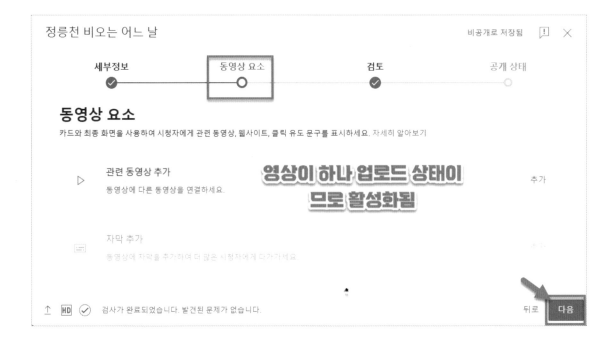

07 **검토** 단계에서 저작권이 문제가 없다는 메시지를 확인했다면 **[다음]**을 클릭합니다.

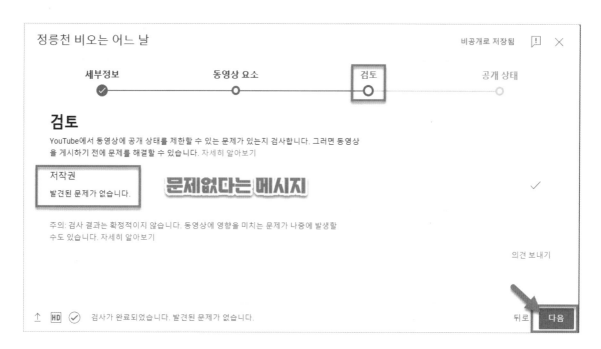

08 **공개 상태** 단계에서 **❶[공개]**를 선택한 후 **❷[게시]**를 클릭합니다. 영상의 길이에 따라 업로드 시간이 오래 걸릴 수도 있지만, 숏츠 영상은 **기본 15초**를 사용하며, 스마트폰으로 촬영할 때 시간을 설정해서 올릴 수도 있습니다.

09 동영상 링크가 자동으로 생성되며, 링크를 복사하여 다른 곳에 공유할 수도 있습니다. **[닫기]**를 클릭해서 업로드를 마칩니다.

10 채널 콘텐츠 창이 열리는데, ❶[Shorts] 탭을 선택하면 업로드된 영상을 확인할수 있습니다. **내 채널**로 이동해서 실제 채널에는 어떻게 등록되었는지 확인해 보세요.

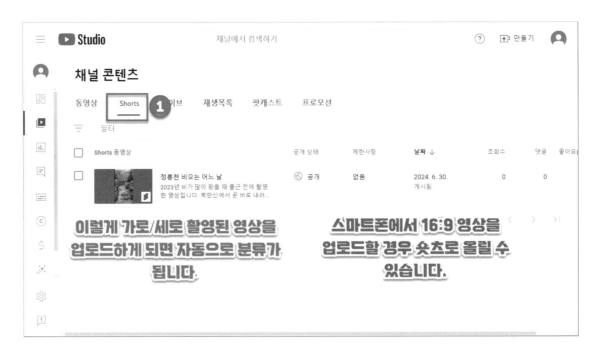

01 [내 채널]에서 ❶[계정 아이콘]을 클릭해서 ❷[설정]을 클릭합니다. 반드시 좌측 상단에 **YouTube** 로고가 보이는 상태에서 작업합니다.

02 설정 화면에서 [계정]이 선택된 모습입니다. **내 YouTube 채널**에서 **[채널 상태 및 기능]**을 클릭합니다. 참고로, **스튜디오**에서 **설정**이 아니라, **유튜브 화면에서 계정 아이콘**을 클릭한 상태에서 **[설정]**을 들어가는 것입니다. 물론 스튜디오에서도 기능을 설정할 수는 있습니다.

03 **[중급 기능]**에 요건이 충족되었으므로 길이가 15분 넘는 동영상, 맞춤 썸네일, 실시간 스트리밍까지 한 번에 신청합니다. **드롭다운**을 클릭합니다.

04 **[전화번호 인증]**을 클릭합니다. 이미 전화번호 인증을 받았다면 아래와는 다르게 [사용 설정됨]으로 나옵니다. 전화번호 인증은 한 번호당 **1년에 2개 채널**까지만 받을 수 있습니다. 만약 전화번호 인증이 안되는 경우 다른 사람의 전화번호를 사용할 수도 있습니다. 유튜브에서 전화번호의 실제 사용자 여부까지는 확인하지 않기 때문입니다.

05 ❶[문자 메시지로 받기]가 선택되어 있으며, ❷[대한민국]으로 나올 것입니다. ❸[전화번호]에 문자 메시지를 받을 휴대폰 번호를 입력하고 ❹[다음]을 클릭합니다.

06 휴대폰으로 발송된 **메시지의 인증번호**를 확인하고 ❶[6자리]를 입력한 후 ❷[제출]을 클릭합니다.

07 [전화번호가 확인됨]이라는 메시지가 보이면 성공한 것입니다. **[탭 닫기]**를 클릭해서 설정 화면으로 되돌아가면 [사용 설정됨]으로 표시된 것을 확인할 수 있습니다.

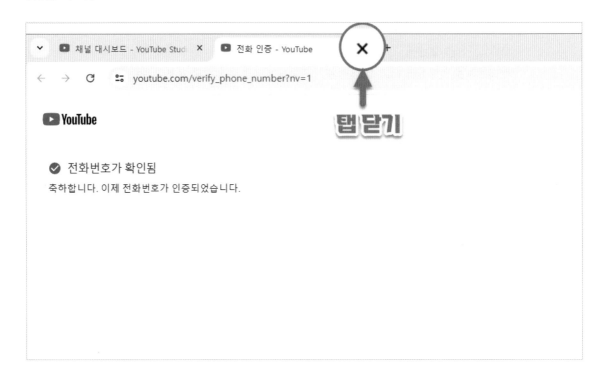

08 [고급 기능]은 지금 설정하지 않아도 됩니다. 이 기능은 구독자가 많이 늘어나거나 수익창출을 할 때 설정하면 됩니다. 여기서는 **[닫기]**를 클릭해서 스튜디오의 **채널 대시보드**로 되돌아갑니다.

09 [Studio] 화면에서 ❶[만들기]를 클릭하고 ❷[라이브 스트리밍 시작]을 클릭합니다. 이미 스트리밍 사용이 설정되었기 때문에 확인을 위해 작업하는 것입니다.

10 24시간 후에 실시간 스트리밍 방송을 할 수 있다는 화면의 메시지가 보입니다. 다음 날 신청한 시간에 라이브 방송을 할 수 있고, 스마트폰으로 라이브 방송을 할 수 있습니다. **[내 채널]**로 이동합니다.

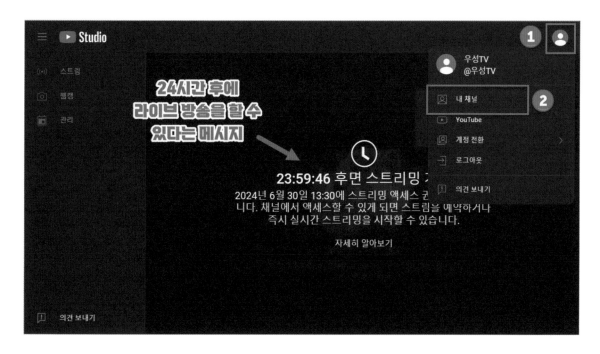

혼자서 연습하기

1 **펙셀스** 사이트에서 **"여행"**을 동영상 검색해서 다운로드한 후 내 채널에 업로드해 보세요.

2 약관 및 정책에 의해 제한사항이 걸린 영상을 **[완전 삭제]**해 보세요.

CHAPTER 03

미리캔버스로
채널 디자인

채널 배너, 채널 아이콘, 썸네일 이미지 등 유튜브를 운영할 때 필요한 디자인 요소들이 있습니다. 전문 그래픽 프로그램을 배우지 않더라도, 미리캔버스를 활용하면 쉽고 빠르게 채널 디자인 작업을 할 수 있습니다.

결과화면 미리보기

무엇을
배울까?

❶ 미리캔버스 로그인
❷ 채널 배너 디자인
❸ 채널 로고 디자인

❹ 썸네일 디자인
❺ 미리캔버스 로그아웃

STEP 1 ▶ **미리캔버스 로그인**

01 유튜브 로그인 상태에서 ❶새 탭을 열고 ❷"미리캔버스"를 검색해서 ❸해당 사이트로 이동합니다.

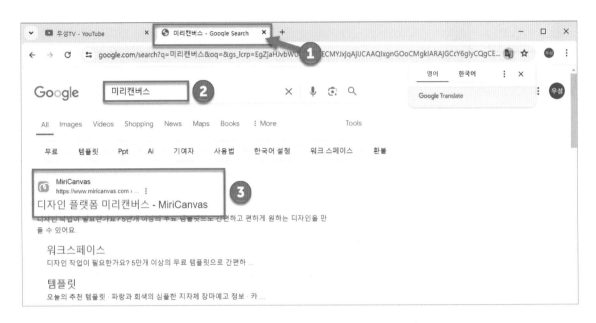

02 [5초 회원가입]을 클릭합니다.

03 가입하는 계정 서비스를 선택하여 가입할 수 있는데, 여기에서는 **[구글]** 아이콘을 클릭해서 구글 계정으로 가입하겠습니다.

04 이미 구글에 로그인 상태이므로 계정 선택하는 화면에서 **본인의 구글 계정**을 선택한 후 **[계속]**을 클릭하여 미리캔버스로 이동합니다.

05 이용 약관에 **[동의]를 체크**하고 **[가입하기]**를 클릭한 다음 **[로그인 유지하기]**를 클릭합니다. 창을 닫아도 로그인 상태가 계속 유지됩니다.

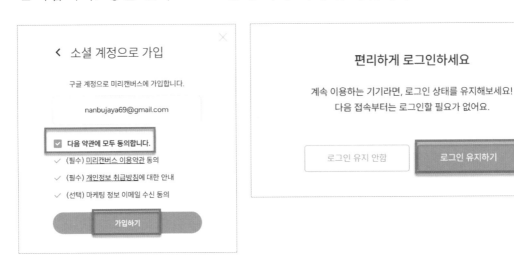

06 미리캔버스를 **[개인]**으로, 목적은 **[유튜브 채널아트 썸네일]**, 정보를 입력하는 곳에는 아래 화면처럼 진행하면 됩니다. 다른 항목을 선택해도 진행하는 것에는 문제가 될 것이 없습니다. 생년월일도 본인의 진짜 생일을 입력하지 않아도 됩니다.

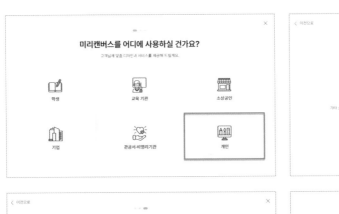

01 ❶[모든 템플릿]을 클릭하고, ❷[유튜브] ▶ ❸[채널 아트]를 차례대로 클릭합니다. 미리 제공하는 템플릿을 이용해 간단하게 배너를 완성할 수 있습니다. 지금은 유튜브에서 **배너**라는 용어를 사용하지만, 이전에는 '채널 아트'라는 명칭을 사용했었습니다.

02 편집 창에서 가장 위에 보이는 ❶[크기 조정]을 클릭한 후 ❷[유튜브] ▶ ❸[채널 아트]를 차례대로 클릭합니다. 유튜브에 사용할 배너에 맞게 자동으로 편집 페이지의 크기가 지정됩니다.

03 **파일 이름**을 입력하고 ⌨Enter⌨를 누르면 저장이 됩니다. 미리캔버스는 변경하는 즉시 자동으로 저장이 진행되며, 오른쪽의 **[저장]** 버튼을 클릭해도 저장이 됩니다. 만약 다른 이름으로 저장하고 싶다면 **작업 공간** 대시보드에서 사본을 만들어서 내용을 편집하는 방법을 추천합니다.

04 템플릿 목록에서 마음에 드는 것을 선택할 수 있으며, 왕관 표시가 있는 것은 유료 이미지입니다. 여기에서는 원하는 것을 쉽게 찾아보기 위하여 검색란에 **"여행"**이라고 입력하고 ⌨Enter⌨를 누릅니다.

05 검색된 템플릿 중에서 ❶[템플릿]을 선택하면, 오른쪽 편집 페이지로 ❷디자인이 적용되어 표시됩니다. 텍스트나 이미지 등을 필요에 맞게 변경하여 쉽게 완성할 수 있습니다.

06 전체 크기는 TV용 유튜브 배너 영역이고, 가운데 하얀 상자 부분은 PC에서 보이는 배너 영역, 빨간 네모 안이 스마트폰에서 보이는 모바일용 배너 영역입니다. 스마트폰과 컴퓨터에서 보여지는 영역을 확인하면서 텍스트나 이미지 등을 구성해야 합니다.

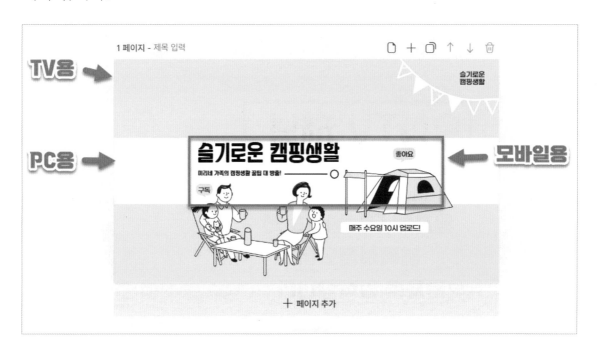

07 디자인 요소들을 선택한 다음 **이동하거나 크기를 변경**할 수 있으며, 필요가 없는 것은 Delete 키로 삭제할 수 있습니다. 아래 그림처럼 만들어 보세요.

08 **텍스트를 더블클릭**하면 내용을 수정할 수 있습니다. 아래 그림처럼 자신의 채널 이름으로 변경해 보세요. 계속해서 새로운 그림을 넣을 것이므로 오른쪽 이미지 도 삭제합니다.

09 왼쪽 분류에서 **❶[요소]**를 클릭한 후 **❷"동네"**를 검색하여 삽입하려는 **❸동네 요소**를 선택합니다.

10 요소의 크기가 작지만 2번을 더 눌러서 아래와 같이 배치시키고, 텍스트의 위치도 적당하게 변경해 줍니다.

11 지금까지 만든 배너를 유튜브에 적용하기 위해 먼저 파일로 다운로드해야 합니다. ❶[다운로드] ▶ ❷[JPG (웹용)] ▶ ❸[빠른 다운로드]를 차례로 클릭합니다.

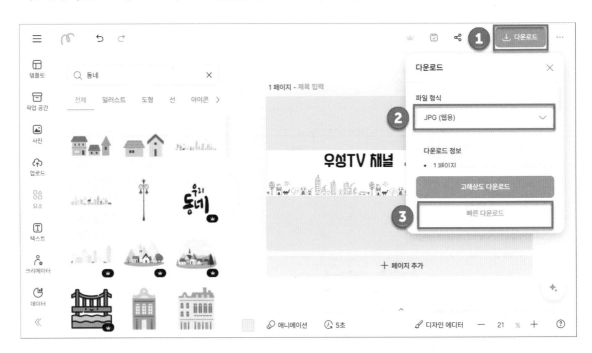

12 다운로드가 완료가 되면, 미리캔버스 탭 앞에 있는 **[내 채널]** 탭을 클릭해서 유튜브 내 채널로 이동합니다. 유튜브 탭을 닫았다면 [새 탭]을 만들어서 유튜브로 이동한 후 **[내 채널]**로 이동하면 됩니다.

13 내 채널에서 **[채널 아이콘]**을 클릭하면 스튜디오의 [채널 맞춤설정]-[브랜딩] 탭으로 곧바로 이동하게 됩니다.

14 [브랜딩] 탭의 중간에 있는 **배너 이미지**의 **[업로드]**를 클릭합니다.

15 ❶[다운로드] 라이브러리에서 ❷[이미지 파일]을 선택한 후 ❸[열기]를 클릭합니다.

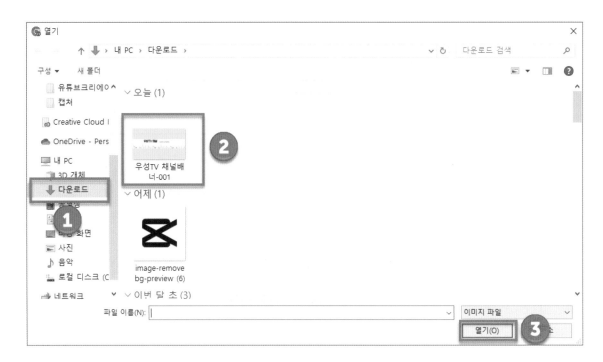

16 [완료]를 클릭해서 배너 이미지 등록을 완료합니다.

17 [게시]를 눌러야 내 채널에 적용이 끝나게 됩니다.

18 [내 채널]로 이동해서 **배너**가 적용된 화면을 확인합니다. 이후에도 배경을 다른 것으로 변경하려면 배너 이미지의 [변경]을 클릭해서 디자인 작업한 채널 아트 파일을 선택하면 됩니다.

STEP 3 ▶ 채널 로고 디자인

01 유튜브 [내 채널]과 미리캔버스 [디자인 만들기] 탭을 브라우저에 열어줍니다.

02 ❶[전체 메뉴]를 누른 후 ❷[새 디자인 만들기]를 클릭해서 ❸[유튜브] ▶ [채널 로고]를 클릭합니다.

03 왼쪽 분류에서 ❶[요소]를 클릭한 후 ❷"마을"을 검색하여 삽입하려는 ❸[그림]을 클릭합니다. 처음부터 요소를 하나씩 삽입하여 만들 수도 있지만, 여기에서는 최소한의 작업으로 로고를 완성해 보겠습니다.

04 페이지 가운데에 그림이 표시됩니다. 조절점을 그냥 드래그하면 한 쪽 방향으로만 커집니다. Ctrl 키를 누른 상태로 크기를 조절하면 **중심을 기준으로 크기가 조절**되기 때문에 편리합니다. 편집 페이지에 가득 채우도록 크기를 늘려줍니다.

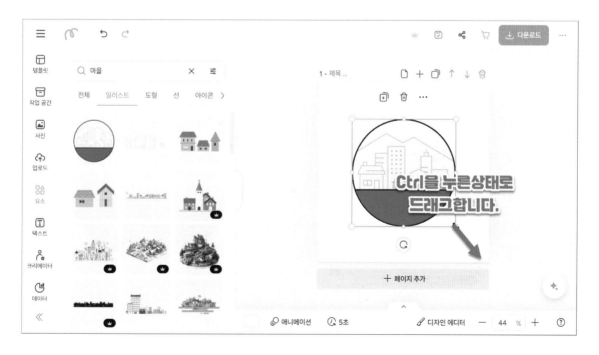

05 컬러를 변경하기 위해 변경하려는 **❶[그림]**을 클릭한 후, 왼쪽에 **상세정보** 창이 열리면 **❷[빨간색]**을 클릭해서 **❸[초록색]** 계열을 선택합니다. **❹[닫기]**를 클릭해서 색상 패널을 닫습니다.

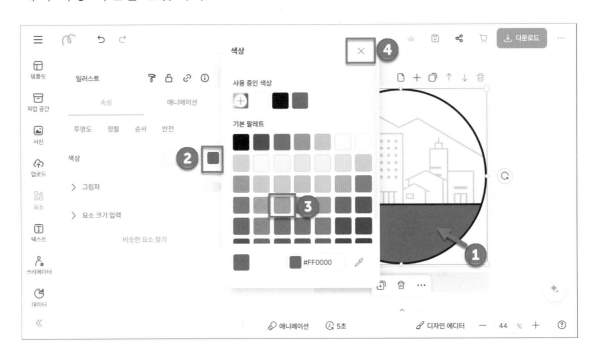

06 그림에 글자를 입력하려면 왼쪽 분류에서 **❶[텍스트]**를 선택한 후, **❷[제목 텍스트 추가]**를 클릭합니다. 글자체가 굵어야 보이기 때문에 제목 텍스트를 선택하는 것입니다.

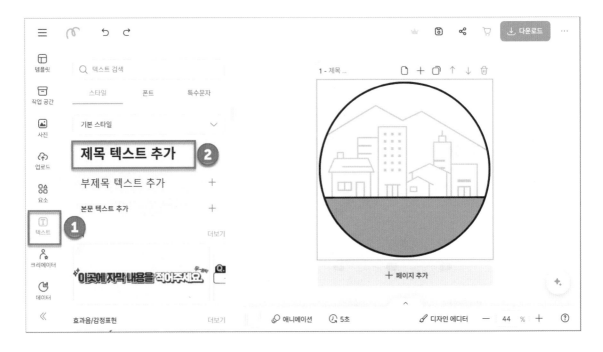

07 **채널 제목**을 입력하고, 조절점을 늘려서 글자가 크게 보이도록 합니다. 최대한 크게 늘려야 유튜브 채널 아이콘에 글자가 보입니다.

08 ❶[다운로드]를 클릭하고 ❷[투명한 배경]을 체크한 후 ❸[빠른 다운로드]를 클릭합니다.

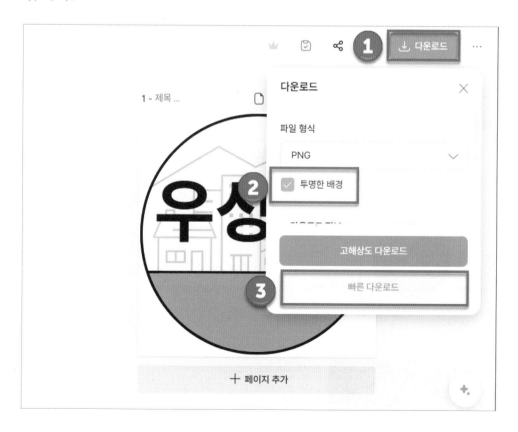

09 편집 창에서 제목을 입력하지 않으면, 아래와 같이 파일명이 불분명해집니다. 다운로드한 파일명은 이후에 변경할 수도 있지만, 다음부터는 제목을 잊지 않도록 합니다.

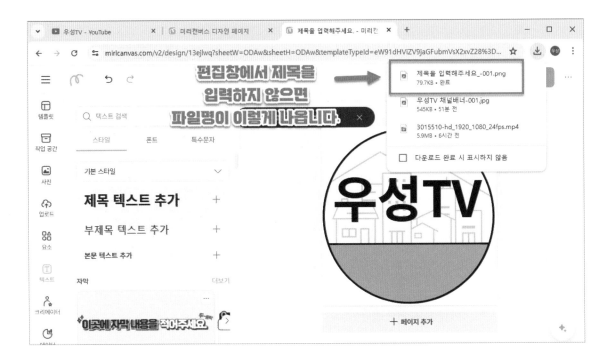

10 유튜브의 ❶[내 채널] 탭을 클릭한 후 ❷[채널 아이콘]을 클릭합니다. 앞에서 해 봤던 배너를 등록할 때의 과정과 동일합니다.

11 [브랜딩] 탭이 열리면 **사진**의 **[업로드]**를 클릭합니다. 채널을 여러 가지 운영하면 채널 로고가 매우 중요한 역할을 합니다.

12 앞에서 완성한 채널 로고는 **[다운로드]** 라이브러리에 저장되어 있습니다. 채널 로고의 파일이름이 제대로 정해진 것이 아니므로, 열기 창에서 F2 를 눌러서 ❶이름 바꾸기를 한 후 ❷[열기]를 합니다.

13 **[완료]**를 눌러서 마무리 완료를 진행합니다.

14 **[게시]**를 클릭해서 채널 로고 등록을 마무리합니다. [내 채널]로 이동해서 적용된 결과를 확인해 보세요. 채널 로고는 언제든 변경할 수 있으므로 미리캔버스로 직접 디자인을 하거나, 명함에 있는 가게 로고를 촬영해서 사용할 수도 있습니다.

STEP 4 ▶ 썸네일 디자인

01 미리캔버스를 열어준 후 ❶[전체 메뉴] ▶ ❷[새 디자인 만들기] ▶ ❸[유튜브] ▶ ❹[썸네일]을 차례로 클릭합니다.

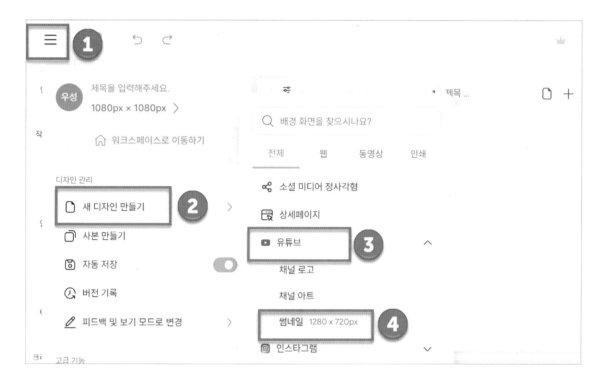

02 ❶[사진] ▶ ❷"서대문폭포"를 검색한 다음 삽입하려는 ❸[이미지]를 선택합니다. 아래 그림과 똑같은 이미지를 찾을 필요는 없습니다.

03 삽입된 사진의 크기를 페이지에 맞춰 늘여준 후, ❶[텍스트]를 선택해서 ❷[제목 **텍스트 추가**]를 클릭하여 제목을 입력합니다.

04 입력된 글자의 크기를 조절한 후 ❶[글자색]을 바꾸고, ❷[외곽선]을 켠 후 ❸[외 **곽선 색상**]을 변경하고 ❹[두께]를 굵게 조절하면 아래와 같은 결과를 보게 됩니다. 사진에 어울리는 글자색, 외곽선 색과 두께를 적당하게 조절해 보세요.

05 ❶[곡선]을 클릭하면 곡선을 적용할 수 있습니다. ❷[다운로드]를 클릭하여 ❸ JPG (웹용)을 선택한 후 ❹[빠른 다운로드]를 클릭합니다.

06 브라우저 상단에서 ❶[유튜브 내 채널]로 이동한 후, ❷썸네일을 변경할 동영상을 클릭합니다.

07 해당 동영상이 재생되면, 제목에 함께 아래에 표시된 **[동영상 수정]**을 클릭합니다.

08 스튜디오의 **동영상 세부정보**가 열리게 됩니다. 여기서 썸네일에 보이는 **[파일 업로드]**를 클릭합니다. 이미 Chapter2 과정에서 전화번호 인증을 받았으므로 썸네일 등록이 가능한 것입니다.

09 [다운로드] 라이브러리에서 ❶[썸네일] 이미지를 선택하고 ❷[열기]를 클릭합니다. 혹시 제목을 붙이지 않아서 '제목을 입력해주세요~'라는 이름이라면 먼저 F2 를 눌러서 파일명을 바꿉니다.

10 썸네일이 등록되었다면 오른쪽 상단의 **[저장]**을 클릭해서 마무리 등록을 해야 합니다.

11 지금까지 썸네일을 변경해서 등록하는 작업 과정을 살펴 보았습니다. 확인을 하기 위해 **[내 채널]**로 이동합니다.

12 **[내 채널]**에 올려진 동영상에 보이는 대표 이미지로 썸네일 작업한 결과가 나타납니다. 물론 썸네일은 변경하거나 삭제할 수 있습니다.

01 [미리캔버스] 로고를 클릭해서 사이트의 **홈 화면**으로 이동합니다.

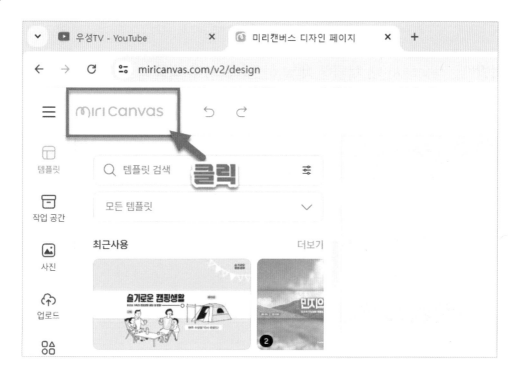

02 ❶[계정] 버튼을 클릭한 후 ❷[로그아웃]을 클릭합니다. 공동으로 사용하는 장소라면 **[구글 계정]**도 로그아웃을 해야 합니다.

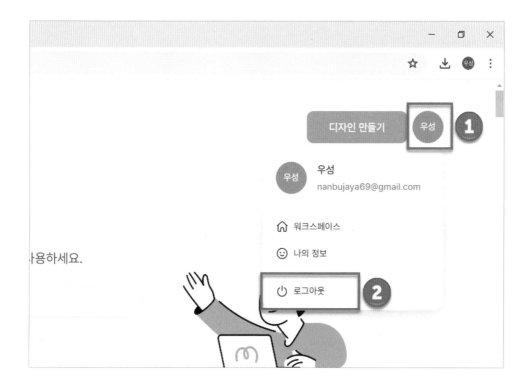

혼자서 연습하기

1 "먹방"을 검색해서 **내 채널**에 **채널 아트(배너)**로 적용해 보세요.

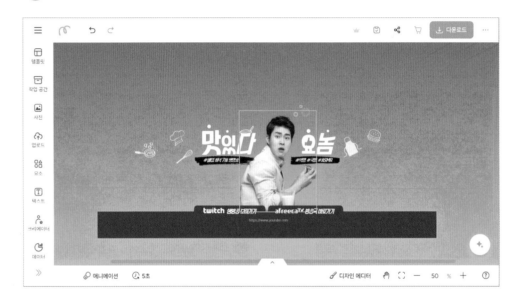

2 [서대문폭포] 썸네일 제거 후, **자동 생성**으로 영상에서 추출하세요.

스마트폰 촬영과 업로드

스마트폰으로 촬영한 동영상을 내 채널에 업로드하는 방법과 요즘 대세인 짧은
영상 쇼츠(Shorts)를 올리는 방법을 배우고, 네이버 PRISM Live 앱을 이용하여
유튜브 라이브 스트리밍을 해 보도록 하겠습니다.

결과화면 미리보기

무엇을 배울까?

❶ 스마트폰 동영상 업로드   ❸ PRISM Live 설치와 설정
❷ 스마트폰 숏츠 업로드   ❹ PRISM Live 방송하기

01 스마트폰에서 **[YouTube]** 앱을 실행합니다. 하단의 **[+]**를 누른 후 업로드하려는 **영상을 선택**합니다.

02 업로드할 영상이 맞으면 **[다음]**을 누른 후, 오른쪽 그림과 같이 ❶**[제목]**을 입력 하고 ❷**[다음]**을 누릅니다.

03 시청자층은 ❶[아니요, 아동용이 아닙니다]를 선택하고, 하단의 ❷[동영상 업로드]를 누릅니다.

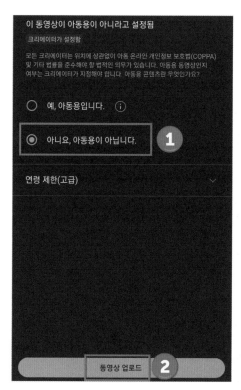

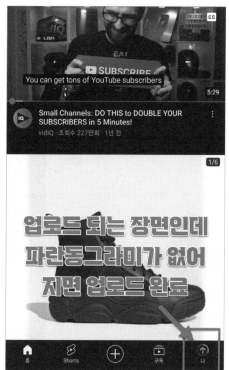

04 [채널 보기]를 눌러서 영상이 업로드된 것을 확인합니다.

01 유튜브 하단의 **[+]**를 누른 후, **[Shorts]** 버튼을 누른 다음 셔터를 눌러 촬영을 진행합니다.

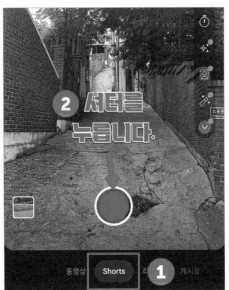

02 15초간 촬영이 된 후 자동으로 중지가 되고 촬영된 영상이 재생됩니다. **[다음]**을 터치해서 진행합니다.

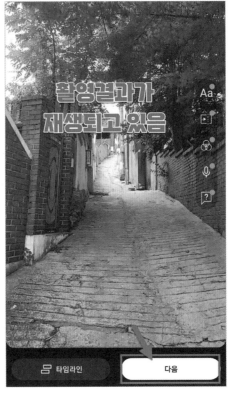

03 ❶[제목]을 입력하고, ❷[시청자층 선택]을 눌러서 [아니요, 아동용이 아닙니다]
를 선택합니다.

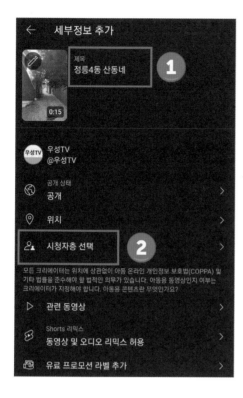

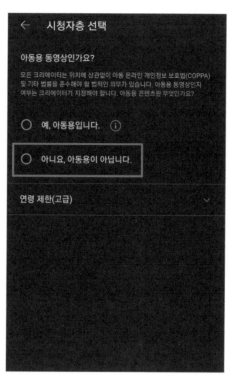

04 [Shorts 동영상 업로드]를 눌러서 업로드한 후 확인합니다.

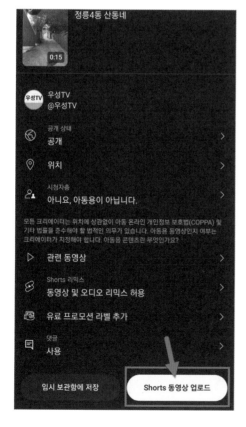

숏츠 도구 살펴보기

15초/60 ❶

뒤집기 ❷

효과 ❸
(인물,렌즈,배경)

❶ 숏츠 영상을 15초와 60초로 전환
시킴

❷ 스마트폰 렌즈를 후면과 전면으
로 전환시킴

❸ 특수효과를 적용해서 촬영할 수
있음

배경음악 ❹

촬영속도 ❺

녹색화면 ❻

❹ 최신유행 음악을 사용할 수 있으
며, 1분 이내 촬영이라 저작권과
는 관계없음

❺ 촬영속도를 변경할 수 있음

❻ 인물배경을 크로마키 등을 사용
해서 깨끗하게 사용할 수 있음

그 밖에 타이머, 보정, 필터, 조명,
플래시 등이 있음

01 [Play 스토어]에서 **"PRISM Live"** 를 설치한 후 **홈 화면에 추가**합니다.

02 [PRISM Live]를 실행한 후 [Google]을 탭한 다음 유튜브 채널에 사용하는 본인의 [구글 계정]을 선택합니다.

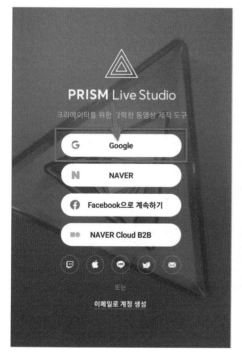

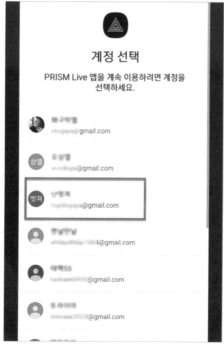

03 동의하는 3곳을 체크한 후 **[동의함]**을 누르면 **[Ready]**가 보입니다. 이제 유튜브 내 채널에 연결하기 위하여 **[Ready]**를 누릅니다.

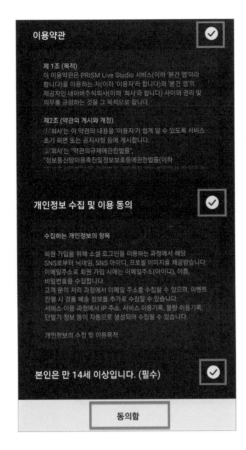

04 방송송출 플랫폼을 **[YouTube]**로 선택한 다음 **[YouTube로 연결]**을 터치합니다.

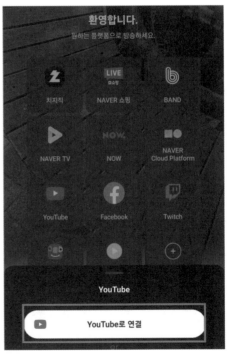

05 구글 계정에 **PRISM Live**가 접근할 수 있도록 **[계속]** ▶ **[허용]**을 터치합니다.

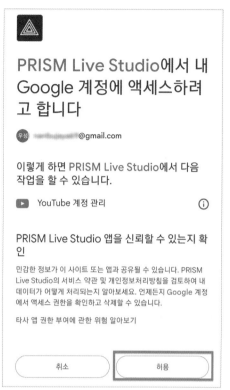

06 필수정보인 **[아동용 아님]**을 체크한 후 **[저장]**을 터치합니다. 채널 설정에서 미리 설정하면 이 작업은 안해도 됩니다.

STEP 4 ▸ PRISM Live 방송하기

01 PRISM Live 앱을 실행한 후 [Ready]를 누르면 아래 화면처럼 후면 카메라로 촬영이 시작됩니다.

02 화면 좌측 상단에서 **전면/후면 카메라**를 선택할 수 있습니다. 촬영 도중에도 눌러서 변경할 수 있으며, 노란색 [Go Live]를 눌러서 방송을 시작합니다. 좌측 하단의 **720p**를 눌러서 **1080p**으로 변환해서 촬영하면 더 좋은 화질로 촬영되지만 **[모바일 데이터]**를 이용하는 경우 요금 폭탄을 맞을 수 있습니다.

03 상단에 방송시간이 진행되는 것이 보이고, 현재 방송을 시청하는 인원수도 보입니다. 화면 아래에는 촬영효과와 채팅창 버튼이 있는데 이후에 직접 활용해 보세요. 방송을 종료하려면 우측 상단의 **[End]**를 누릅니다.

04 **라이브를 종료하시겠습니까?**를 묻는 창이 나오면 **[확인]**을 누릅니다. 그 후 아래와 같은 화면이 나오는데, 반드시 **[세션 종료]**를 눌러서 유튜브에서도 스트리밍 종료가 되도록 해야 합니다. [세션 유지]를 누르면 스마트폰에서는 라이브 방송이 종료되었지만 유튜브에서는 계속 송출을 하고 있는 현상이 벌어집니다.

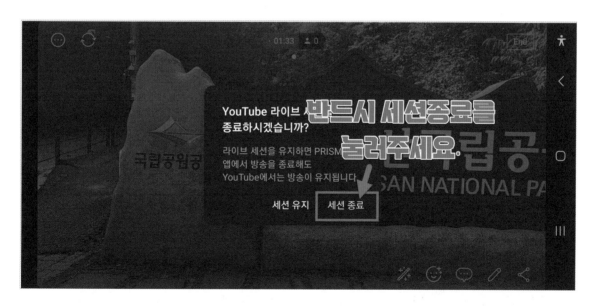

 **혼자서 연습하기**

① 가로로 촬영된 동영상을 Shorts 영상 15초로 변경해서 업로드해 보세요.

가로 촬영된 영상을 업로드할 때 [Shorts동영상으로 수정]을 누릅니다.

타임과 보여질 영역을 조절해 주면 됩니다.

② PRISM Live 앱 라이브 방송에 **효과**가 적용된 방송을 진행해 보세요.

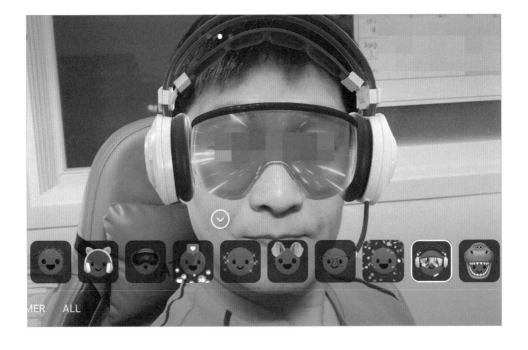

CHAPTER 05

스튜디오 설정하기

유튜브 내 채널에 영상을 업로드한 후 영상의 세부정보를 변경하고, 이동하고, 삭제 작업을 할 수 있는 곳을 '스튜디오'라고 합니다. 유튜브의 설정이 외부에 대한 설정이라면, 스튜디오의 설정은 내부를 설정하는 것입니다.

결과화면 미리보기

무엇을 배울까?

❶ 대시보드 둘러보기
❷ 재생목록 만들기
❸ 세부정보 변경과 삭제

❹ 오디오 보관함
❺ 저작권

01 ❶[계정 아이콘]을 클릭하고 ❷[YouTube 스튜디오]를 누릅니다.

02 채널 대시보드 화면에 **[최신 동영상 실적]**이 나옵니다. 현재 영상을 업로드 한 시간, 조회수, 노출 클릭률, 평균 시청 지속 시간 등을 표시해 줍니다. **[동영상 분석으로 이동]**을 클릭해서 영상 시청에 대한 동영상 분석 정보를 봅니다.

03 동영상이 게시된 이후 조회수와 시청시간 등이 표시됩니다. 구독자중 몇 명이 시청했는지 확인할 수 있습니다.

04 ❶[도달범위] 탭을 클릭한 후 ❷[더보기]를 클릭하면 현재 영상까지 어떻게 알고 들어왔는지 보입니다.

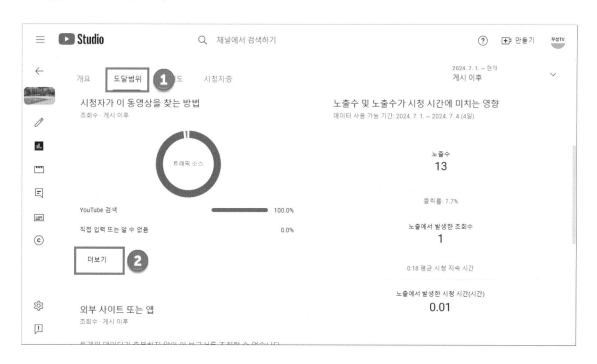

05 영상 노출이 15회 되었다고 나오는데, **Youtube 검색** 노출이 된 것과 **채널 페이지**에서 노출된 회수가 나오며 검색 조회수까지 나옵니다. 노출수는 채널 운영자가 스튜디오에서 둘러본 회수도 포함된 것입니다. 확인을 마쳤다면 **[닫기]**를 클릭해서 **분석 페이지**로 되돌아갑니다.

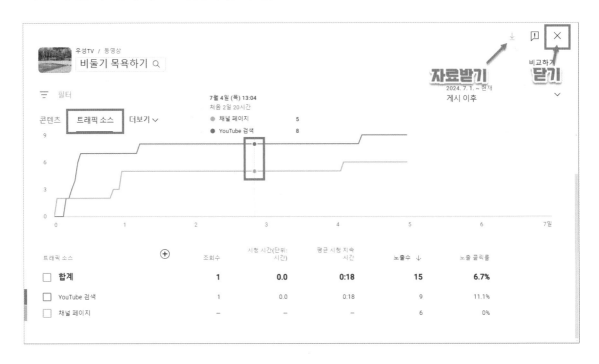

06 왼쪽에서 **[대시보드]**를 다시 눌러서 **[게시된 동영상]**과 **[인기 동영상]**, **[채널 분석]**을 살펴보면 현재 내 채널에서 어떤 영상을 많이 보고 있는지 확인할 수 있습니다.

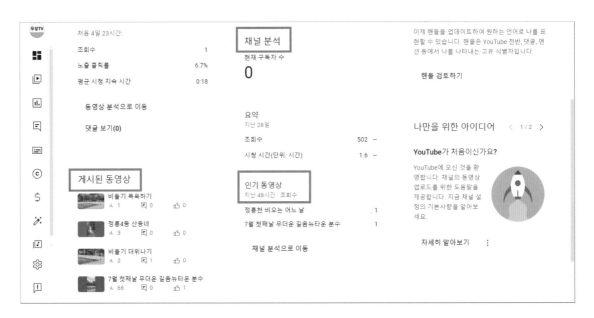

STEP 2 → 재생목록 만들기

01 YouTube 스튜디오에서 ❶[만들기] ▶ ❷[새 재생목록]을 차례로 클릭합니다.

02 재생목록은 업로드 영상을 분류해서 관리하는 것으로, ❶목록 이름을 입력하고 ❷목록 상세 설명을 입력한 후 ❸공개 상태를 정하고 ❹순서를 지정한 다음 ❺[만들기]를 합니다. 여기에서는 '하루하루'라는 이름으로 재생목록을 만들겠습니다.

03 채널 콘텐츠에서 ❶[재생목록]을 클릭하면 생성된 목록이 보입니다. 목록에 마우스를 올려준 후 ❷[세부정보]를 클릭합니다.

04 재생목록의 제목과 설명란에 수정할 내용이 있으면 입력하고, 공개여부도 여기서 변경할 수 있으며 재생목록의 순서도 여기서 변경합니다. 여기에서는 재생목록 제목을 '소소한 하루'로 변경했습니다. 변경할 내용이 더 없으면 우측 상단의 **[저장]** 버튼을 클릭합니다.

05 이전 화면으로 되돌아가려면 좌측 상단의 **[채널 콘텐츠]**를 클릭합니다.

06 좌측 스튜디오 메뉴에서 ❶**[콘텐츠]**를 클릭한 후 오른쪽에 동영상 목록이 표시되면 재생목록으로 추가할 ❷**영상들을 체크**한 다음 ❸**[재생목록에 추가]**를 클릭합니다.

07 추가할 ❹재생목록 이름을 선택한 후 ❺[저장]을 클릭합니다.

08 채널 콘덴츠에서 ❶[재생목록] 탭을 클릭하면 재생목록에 2개의 영상이 추가된 것을 확인할 수 있습니다. 재생목록에 마우스를 올린 후 ❷[동영상]을 클릭합니다.

09 [YouTube에서 수정]을 클릭하면 [새 탭]이 열리며 스튜디오가 아닌 유튜브에서 재생목록을 누른 상태를 확인할 수 있습니다.

10 영상 왼쪽에 표시된 ❶두 줄 버튼을 드래그해서 재생되는 순서를 변경할 수 있습니다. ❷[탭 닫기]를 현재 탭을 닫아줍니다.

01 [YouTube 스튜디오] 화면으로 이동한 후 [콘텐츠]를 클릭합니다.

02 영상에 마우스를 올려놓으면 세부정보, 분석, 댓글, 영상재생을 할 수 있고 기타 옵션까지 나오게 됩니다.

03 [세부정보]를 클릭해서 영상 제목과 설명란, 썸네일 이미지, 재생목록 변경, 공개 상태 등 여러 가지 세부사항을 변경할 수 있습니다.

04 영상을 내 채널에서 삭제하고 싶다면 ❶[기타옵션]을 클릭한 후 ❷[완전삭제]를 클릭합니다.

05 동영상이 영구적으로 삭제된다는 ❸메시지에 체크를 한 후 ❹[완전삭제]를 클릭합니다.

06 삭제할 영상이 여러 개인 경우는 삭제할 ❶영상을 모두 체크한 후 ❷[추가작업]을 클릭해서 ❸[완전삭제]를 선택합니다. 완전삭제 여부를 묻는 대화상자에서 ❹되돌릴 수 없음을 체크하고 ❺[완전삭제]를 클릭합니다.

01 유튜브에서 무료로 제공하는 음악을 다운받아 사용하면 음악 저작권 관계없이 사용할 수 있습니다. **YouTube 스튜디오**에서 왼쪽의 **[오디오 보관함]**을 클릭합니다.

오디오 보관함

ⓘ 이 오디오 보관함을 사용하면 **YouTube** 오디오 보관함 이용약관에 동의하는 것으로 간주됩니다.

음악   음향 효과   별표표시

≡ 보관함 검색 또는 필터링

	트랙 제목	장르	분위기
▶ ☆	Headlands	락	밝음
▶ ☆	Tasty Waves	락	행복
▶ ☆	The Center Isn't Holding	락	밝음
▶ ☆	Night Shift	락	극적
▶ ☆	Smoke	재즈/블루스	펑키

우성TV / 내 채널 우성TV / 🔠 대시보드 / ▣ 콘텐츠 / 🔁 수익 창출 / 🪄 맞춤설정 / 🎵 오디오 보관함

02 ❶**[필터]**를 클릭하여 찾으려는 것을 검색합니다. 여기서는 ❷**[장르]**를 클릭합니다.

≡ ▶ Studio   🔍 채널에서 검색하기

오디오 보관함

ⓘ 이 오디오 보관함을 사용하면 **YouTube** 오디오 보관함 이용약관에 동의하는 것으로 간주됩니다.

음악   음향 효과   별표표시

≡ **1** 검색 또는 필터링

검색

		장르	분위기
▶	트랙 제목	락	밝음
▶	장르 **2**	영화음악	극적
	분위기		
▶	아티스트 이름	락	행복
▶	길이	락	밝음
▶	저작자 표시 필요 없음	락	행복
	저작자 표시 필요		
▶ ☆	Tasty Waves	락	행복

우성TV / 내 채널 우성TV / 🔠 대시보드 / ▣ 콘텐츠 / 📊 분석 / 🗨 댓글 / 📺 자막 / ⓒ 저작권 / 🔁 수익 창출

03 전자음악의 분위기 있는 음악 장르인 ❸[앰비언트]를 선택한 후 ❹[적용]을 클릭합니다.

04 ❶[재생] 버튼을 클릭해서 음악을 들어 보세요. 원하는 곡이라면 ❷[다운로드]를 클릭해서 내려받기를 합니다. **라이센스**를 클릭하면 저작권에 관련된 사항이 나옵니다. 저작권을 표시해야 하는지, 그러한 내용 없이 사용해도 되는지 안내가 됩니다.

05 ❶[음향 효과]를 클릭한 후 ❷[필터] ▶ ❸[길이]를 선택합니다.

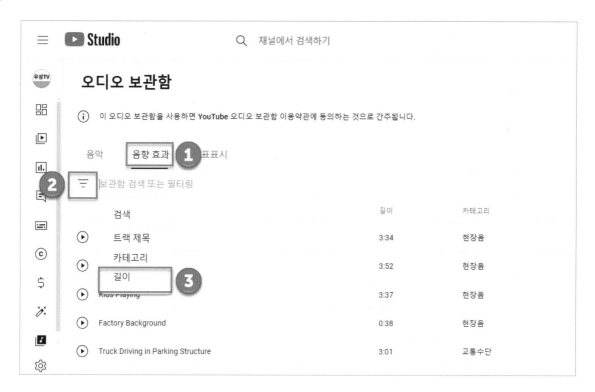

06 ❹[다음보다 **짧음**]으로 변경하고 ❺"02:00"을 입력한 후 ❻[적용]을 클릭합니다. 2분 이내의 음향 효과만 필터링하는 것입니다.

07 길이가 **2분 이하**인 것들만 목록에 표시됩니다. 재생을 클릭해서 들어본 후 원하는 것을 다운로드하면 됩니다.

08 추가 검색을 위해 ❶[필터] 빈 곳을 누른 후 ❷[트랙 제목]을 선택합니다.

09 포함하는 문자에 ❸"water"를 입력한 후 ❹[적용]을 클릭합니다.

10 원하는 단어가 포함된 목록이 아래와 같이 나오게 됩니다. 참고로 음향효과도 **저 작권**이 있는 것도 있으므로 반드시 확인해야 합니다.

STEP 5 ▷ 저작권

01 YouTube 스튜디오에 들어오면 제일 먼저 보이는 대시보드에 아래와 같이 **중요 알림**이 표시되며, 여기에서 **[옵션보기]**를 클릭합니다. 동영상 수익 창출이 불가능한 특별한 경우에만 보이는 화면입니다.

02 콘텐츠가 어디쯤 사용된 것인지 표시되며, **[작업 선택]**을 눌러서 위반 사항을 처리해야 합니다.

03 세그먼트 자르기, 곡 바꾸기, 노래 음소거, 이의 제기 등 원하는 **작업 선택**을 해야 합니다. 하지만 이것은 저작권 위반 경고가 아니고 채널에 영향을 주지 않으며, 수익 창출을 하지 않고 저작자가 사용해도 된다고 하면 작업 선택을 하지 않아도 됩니다.

04 **[콘텐츠]**에서 해당 영상을 찾아보면 아래와 같이 표시되어 있습니다. 저작권의 심각한 위반 표시라면 해당 영상을 삭제해야 합니다.

유형	공개 상태	수익 창출		스트리밍 날짜	
스트리밍 소프트웨어	일부...	요건 미충족	저작권	2022. 8. 5. 스트리밍 날짜	166
스트리밍 소프트웨어	공개	사용 안함	없음	2022. 6. 25. 스트리밍 날짜	58
스트리밍 소프트웨어	공개	사용 안함	없음	2022. 6. 25. 스트리밍 날짜	46
스트리밍 소프트웨어	공개	사용 안함	없음	2022. 6. 24. 스트리밍 날짜	44

저작권
저작권 보호 콘텐츠가 발견되었습니다. 소유자가 콘텐츠를 YouTube에서 사용할 수 있도록 허용하지만 동영상으로 수익을 창출할 수는 없습니다.

세부정보 보기

혼자서 연습하기

1 **"순간포착"**이라는 이름으로 **[재생목록]**을 생성해 보세요.

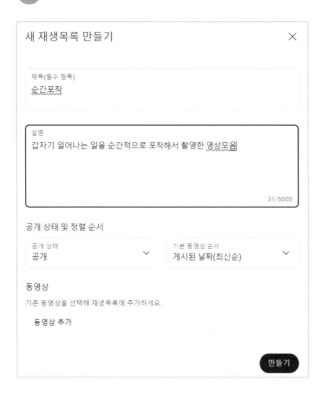

2 **[오디오 보관함]**에서 자주 사용하는 음악을 **별표표시**로 지정해 보세요.

CHAPTER 06

채널 맞춤설정

채널 맞춤설정이란 레이아웃, 브랜딩, 기본 정보로 구성되며, 내 채널의 방문자들에게 어떤 형태로 보여줄지를 설정할 수 있습니다. 채널 상단 영역이나 추천 섹션을 통해 특정 영상을 노출하는 방법을 배웁니다.

🔍 결과화면 미리보기

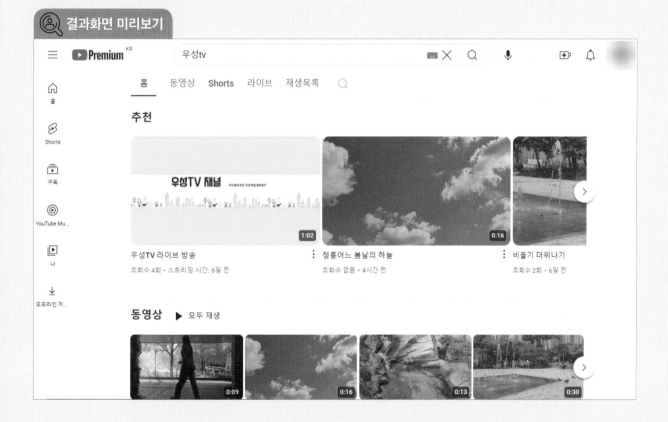

무엇을 배울까?

❶ 레이아웃 상단 영상
❷ 레이아웃 추천 섹션

❸ 기본 정보 설정하기
❹ 업로드 기본 설정

01 유튜브의 내 채널에서 **[채널 맞춤설정]**을 클릭합니다.

02 **YouTube 스튜디오**에서 왼쪽의 **[맞춤설정]**을 클릭해도 [채널 맞춤설정]의 **[레이아웃]** 화면이 나옵니다.

03 구독하지 않은 시청자가 들어오면 보이게 되는 채널 미리보기 영상으로, **[추가]** 를 눌러 채널을 홍보할 수 있는 영상을 선택할 수 있습니다.

04 내가 올린 영상 중에서 채널을 알릴 수 있는 대표적인 영상이 무엇인지 생각하고 해당 영상을 선택합니다. 물론 소개 영상을 따로 제작하여 올린 후 이곳에서 선택할 수도 있습니다.

05 구독중인 시청자가 내 채널을 방문했을 때 내 채널에서 보여줄 추천 동영상을 [추가]합니다. 이 때는 새로 올라온 영상을 추천합니다.

06 구독자에게 보여질 새로운 영상을 선택합니다.

07 비구독자/재방문 구독자 영상을 다른 것으로 변경하려면, 변경하려는 영상에 마우스를 올려서 ❶[기타옵션] ▶ ❷[동영상 변경]을 클릭합니다.

08 변경할 동영상을 선택한 후 아래 화면에서 **[게시]**를 클릭해 적용합니다. **[내 채널]**로 이동해서 내 채널의 모습을 직접 확인합니다.

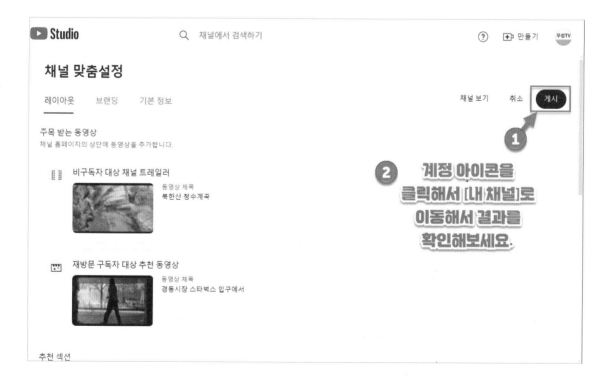

09 **구독하지 않는 시청자**가 방문했을 때의 **내 채널 홈페이지**에 소개되는 영상입니다. 구독자가 방문하더라도 **처음 방문일 경우**에는 동일한 영상이 재생됩니다.

10 구독자로 내 채널을 방문했을 때 홈페이지가 나오는 화면으로, **두 번째 방문할 때**부터 보이는 영상이 됩니다. 내 채널을 자주 방문하는 시청자를 위한 영상을 올리는 것이 좋겠죠?

01 Youtube **스튜디오**의 채널 맞춤설정에서는 **최대 12개**의 섹션을 구성할 수 있습니다. **[Shorts 동영상]** 섹션을 추천 섹션의 가장 위로 이동시켜봅니다.

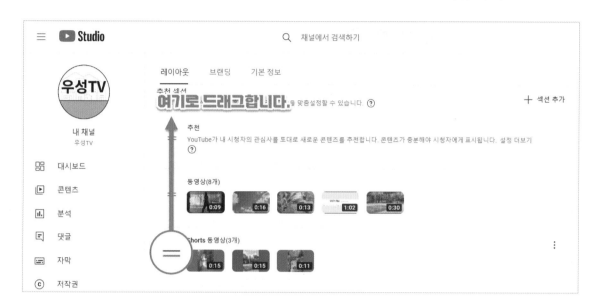

02 내 채널 홈페이지 섹션을 구성하기 위해 ❶**[+섹션 추가]**를 클릭해서 ❷**[단일 재생목록]**을 클릭합니다.

03 재생목록 선택 창이 나오는데 내 재생목록 중에서 추천 섹션의 상위에 표시할 **재생목록을 선택**합니다.

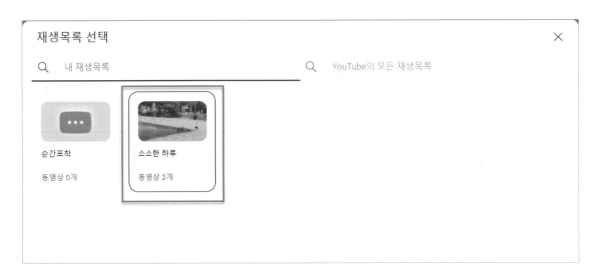

04 추가된 **섹션을 드래그**해서 아래처럼 두 번째 위치로 이동시킵니다.

05 다른 유튜버가 만든 재생목록을 추가할 수도 있습니다. ❶[+섹션 추가]를 클릭해서 ❷[여러 재생목록]을 클릭합니다.

06 ❶제목을 입력하고 ❷유튜브 제목을 검색한 후 ❸추가할 목록을 체크하면 오른쪽으로 추가됩니다.

07 계속해서 ❹"임영웅" 검색 ▶ ❺[재생 목록] 체크 ▶ ❻[완료]를 누릅니다.

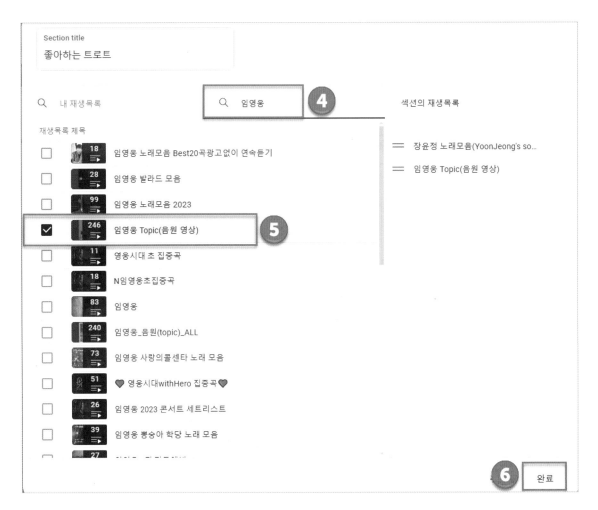

08 섹션 순서를 아래처럼 이동한 후 **[게시]**를 클릭해서 저장합니다. **[내 채널]** 홈페이지로 이동하여 섹션 구성을 확인해 보세요.

01 Youtube 스튜디오의 **채널 맞춤설정**에서 **[기본 정보]**를 클릭해서 채널 이름과 핸들을 변경할 수 있습니다.

02 아래로 이동해서 **[+링크 추가]**로 사이트 주소 등을 연결합니다.

레이아웃　　브랜딩　　**기본 정보**

╋ 언어 추가

채널 URL
채널의 표준 웹 주소입니다. 여기에는 URL 끝에 있는 숫자와 문자 조합인 고유 채널 ID가 포함되어 있습니다.　⑦

https://www.youtube.com/channel/UCpxfR7pA-WvgxYqNh3oQygQ

링크
시청자와 외부 링크를 공유합니다. 링크는 채널 프로필과 정보 페이지에 표시됩니다.

╋ 링크 추가　　회사 홈페이지, 블로그 주소,
인스타그램 주소를 연결합니다.

03 ❶링크 제목과 URL을 정확하게 입력한 후 ❷이메일 주소를 입력하고 ❸[게시]를 클릭합니다. 이메일을 입력했다면 시청자에게 이메일 주소가 노출됩니다(비즈니스 채널이 아니라면 기입금지).

04 [내 채널] 홈페이지에 아래와 같이 기본 정보가 표시되어서 나타납니다. 링크를 클릭하면 URL이 연결되어 새 탭으로 열리게 됩니다.

STEP 4 > 업로드 기본 설정

01 영상을 업로드할 때 반복적으로 입력되는 것을 설정하기 위해 **YouTube 스튜디오**에서 **[설정]**을 클릭합니다.

02 **❶[채널]**에서 **❷거주 국가**를 선택하고 **❸키워드**를 콤마로 구분해서 입력합니다. 내 채널에 대한 검색 키워드입니다.

03 ❶[고급 설정] 탭에서 시청자층은 ❷[아니요, 이 채널을 아동용으로 설정하지 않겠습니다.]를 선택합니다.

04 ❶[업로드 기본 설정]을 클릭해서 영상마다 반복적으로 입력해야 하는 ❷제목, ❸설명란, ❹공개상태를 사전에 설정해 둡니다.

05 ❶[고급 설정]에서 자주 올리는 영상 분류를 ❷[카테고리]에 정한 후 ❸동영상 언어와 ❹제목 및 설명 언어를 한국어로 변경한 후 ❺[저장]을 클릭합니다.

06 아래와 같이 동영상을 업로드를 시도할 때 앞에서 설정한 세부정보가 미리 입력되어 표준적인 작업을 진행할 수 있게 됩니다.

혼자서 연습하기

1 채널 맞춤설정의 [브랜딩] 탭에서 [동영상 워터마크]를 채널 아이콘으로 변경하고, 표시 시간은 [동영상 끝]에 표시되도록 해 보세요.

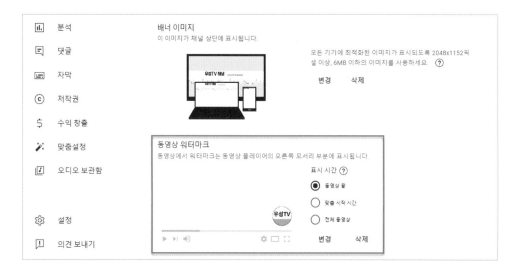

2 [레이아웃] 탭에서 내 채널에 표시하지 않을 필요 없는 **섹션을 삭제**해 보세요.

OBS 스튜디오로
라이브 스트리밍

촬영한 영상을 유튜브에 업로드하는 크리에이터도 많지만, 실시간 라이브 스트리밍을 하는 크리에이터도 많이 있습니다. PC에서 라이브 방송을 할 때 많이 사용하는 OBS 스튜디오의 사용법에 대해 배웁니다.

🔍 결과화면 미리보기

무엇을 배울까?

❶ OBS 스튜디오 설치
❷ OBS 방송 설정하기
❸ 방송 예약하기

STEP 1 ▸ OBS 스튜디오 설치

01 구글에 로그인이 되어있는 상태에서, **"OBS STUDIO"**를 검색한 후 **[Download]** 링크를 클릭합니다.

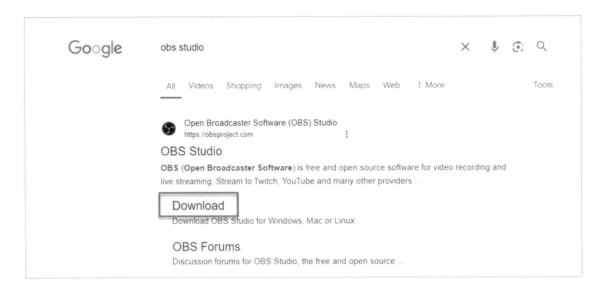

02 사용하는 운영체제가 자동으로 선택되어 나오는데, 일반적으로 윈도우10, 11 버전을 지원합니다. 아래와 같이 **[Download Installer]**를 클릭해서 설치파일을 다운로드합니다.

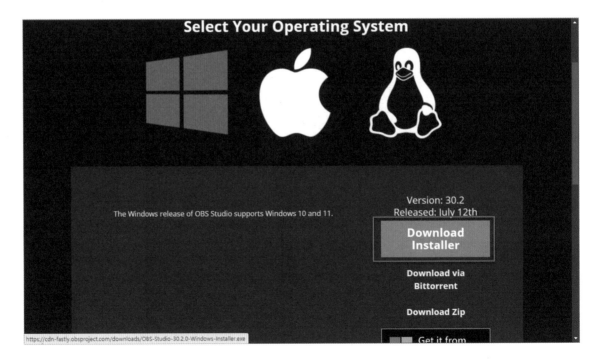

03 설치파일의 다운로드가 완료되면 오른쪽 상단에 표시가 **[완료]**라고 나옵니다. 설치 파일 이름을 클릭해서 **설치를 진행**합니다.

04 설치 과정은 **[Next]** ▶ **[Next]** ▶ **[Install]** ▶ **[Finish]**를 각 화면에서 클릭하면 됩니다.

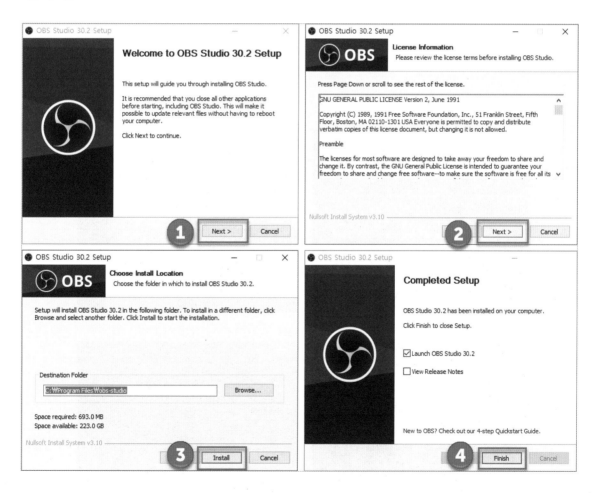

05 아래와 같은 화면은 새소식을 알려주는 것이므로, 경우에 따라 보이지 않을 수도 있습니다. 나오면 **[닫기]**를 클릭합니다.

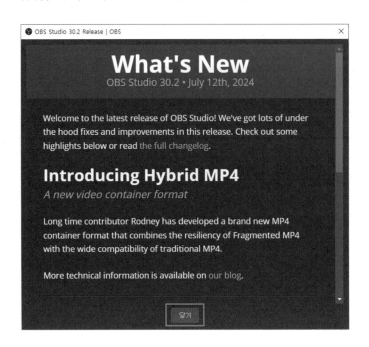

06 스트림 최적화로 선택되어 있으므로 **[다음]** ▶ **[다음]**을 누른 후, 세 번째 창인 **스트림 정보**에서 서비스 항목을 **[YouTube-RTMPS]**로 변경한 후 **[계정연결(권장)]**을 클릭합니다.

07 본인의 **구글 계정을 선택**합니다. 만약 유튜브 채널에 사용하는 구글 계정이 다른 것이라면 **다른 계정 사용**을 눌러서 다른 계정으로 로그인할 수 있습니다.

08 OBS 스튜디오에서 구글 계정을 사용한다고 요청하는 창이 나오면 **[계속]**을 클릭합니다.

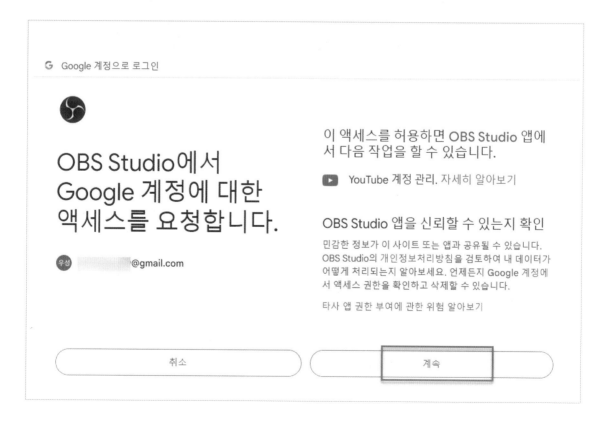

09 OBS 스튜디오와 구글 계정의 연결이 성공적으로 완료되면 크롬 브라우저를 **[창 닫기]**합니다.

10 계정 연결화면에서 **[다음]**을 누르면 방송하기 최적화 상태를 검사해서 설정하는 작업이 진행됩니다. 검사 완료가 나오면 **[설정 적용]**을 눌러서 마무리합니다.

01 OBS 스튜디오를 실행한 후, 좌측 하단에 있는 장면 목록의 **[장면1]**에 마우스 우
클릭을 하고 **[이름 변경]**을 눌러서 **"서대문폭포"**로 변경합니다.

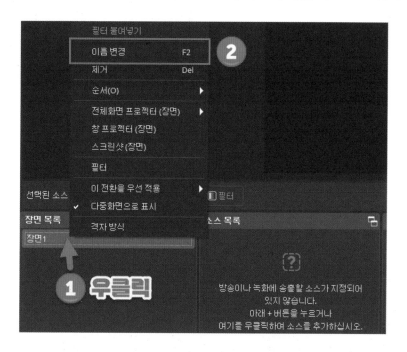

02 옆의 소스 목록 창에서 ❶**[+]** 버튼을 눌러서 ❷**[미디어 소스]**를 클릭합니다. **미디**
어 소스는 내 컴퓨터에 저장된 **영상, 음악** 등을 라이브 스트리밍을 통해서 방송하
는 것입니다.

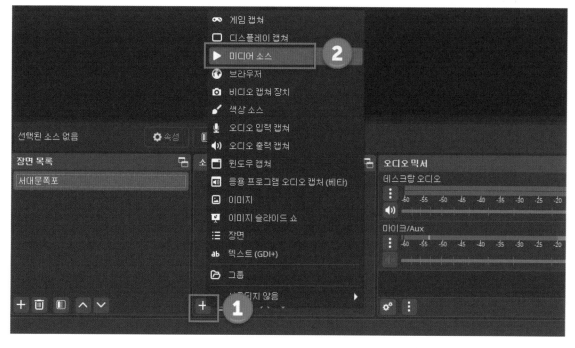

03 송출할 미디어의 이름을 적어줍니다. ❶"영
상"이라고 입력한 후 ❷[확인]을 클릭합니다.

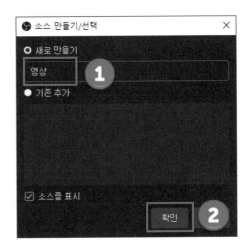

04 로컬 파일의 **[찾아보기]**를 클릭해서 송출할 미디어를 선택합니다. **[루프 반복]**을
체크하면 미디어가 종료되면 다시 처음부터 재생이 되어 무한방송을 하게 되므
로 필요에 따라 체크합니다.

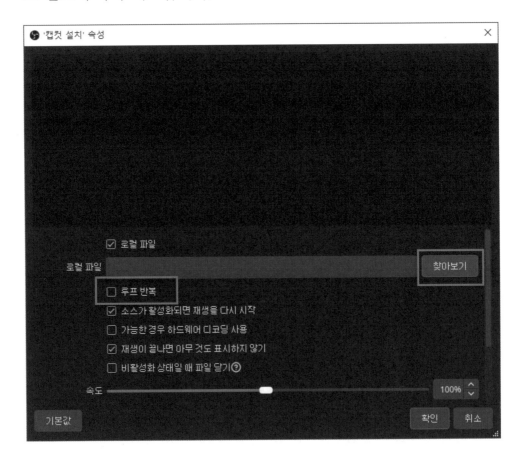

05 [로컬 디스크(C:) > 교재예제(유튜브)] 폴더로 이동한 후 ❶[서대문인공폭포] 영상
파일을 선택한 다음 ❷[열기]를 클릭하여 방송 송출 영상을 열어줍니다.

06 [확인]을 클릭하면 미리보기 화면에 영상이 바로 재생이 됩니다.

07 계속해서 라이브 방송에 사용할 카메라를 추가하려고 합니다. 소스 목록의 **[+]추가** 버튼을 클릭한 후 **[비디오 캡처 장치]**를 선택합니다.

08 현재 컴퓨터에 웹캠이 장착되어 있다는 상황에서 작업을 진행합니다. **"웹캠1"**을 입력하고 **[확인]**을 클릭합니다. 카메라를 여러 대 설치해서 정면, 측면, 후면 등을 촬영하여 방송을 진행할 때 사용할 수 있습니다. 카메라마다 이름을 부여하는 중입니다.

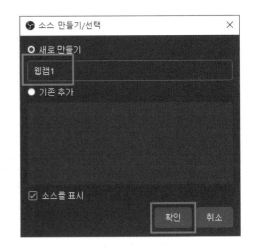

09 장치에 웹캠 모델명이 나오게 됩니다. 2대 이상이라면 변경을 해 주면 되고, 나머지는 변경하지 않고 **[확인]**을 클릭합니다.

10 화면 가득하게 웹캠으로 촬영된 본인 모습이 나오면 조절점을 이용해서 **크기를 조절**합니다.

11 동영상과 마이크의 사운드 소리가 동시에 송출이 되고 있습니다. 마이크의 소리를 클릭해 끄면 동영상의 소리(오디오)만 전송되며, 내 목소리(마이크)는 송출되지 않습니다.

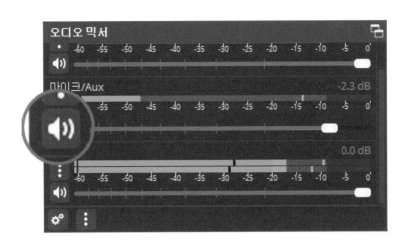

12 우측 하단의 **[방송 시작]**을 누르면 내 채널을 통하여 방송이 송출되도록 설정하라는 메시지 창이 열립니다. 실제 방송을 진행하려면 유튜브에서 사전예약 작업을 한 후에 [방송 시작]을 눌러야 합니다.

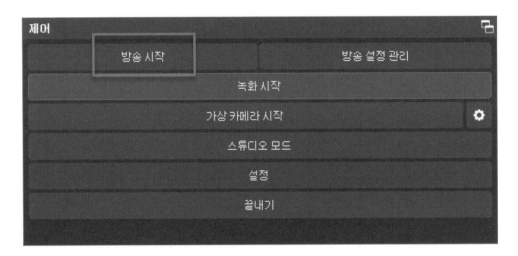

13 **[방송 설정 관리]**를 클릭해서 설정작업을 진행합니다.

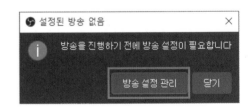

14 제목과 설명을 적당하게 입력한 후, 아동용이 아닌 것으로 선택하고 **[방송 생성 후 생방송 시작하기]**를 클릭합니다.

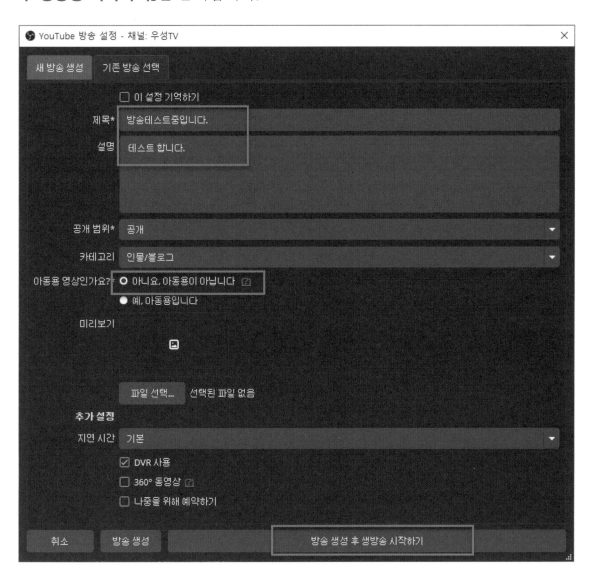

15 방송을 마치고 싶다면 **[방송 중단]**을 클릭합니다.

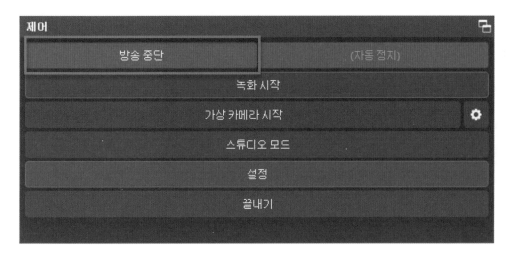

STEP **3** ▶ 방송 예약하기

01 유튜브 채널 계정에 로그인한 후, 유튜브에서 ❶[만들기]를 클릭한 후 ❷[라이브 스트리밍 시작]을 클릭합니다.

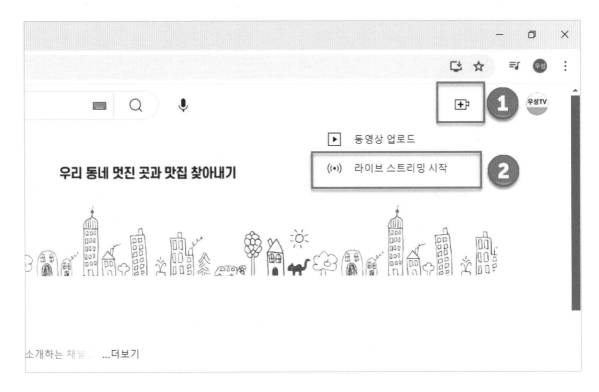

02 YouTube 라이브 관제실에 첫 방문할 때만 나오는 화면입니다. **나중에** 방송할 것을 예약하는 것이므로 아래 [시작]을 클릭합니다.

03 생방송을 하게 되는 유형을 선택하는 장면으로, OBS 스튜디오를 이용하여 방송할 것이므로 아래의 **[이동]**을 클릭합니다. 이 화면은 처음만 나오고 다음부터는 나오지 않습니다.

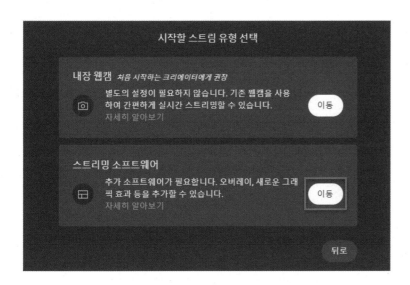

04 유튜브 라이브 관제실의 화면이 나왔습니다. **[스트림 예약]**을 클릭해서 방송 일정을 지정합니다.

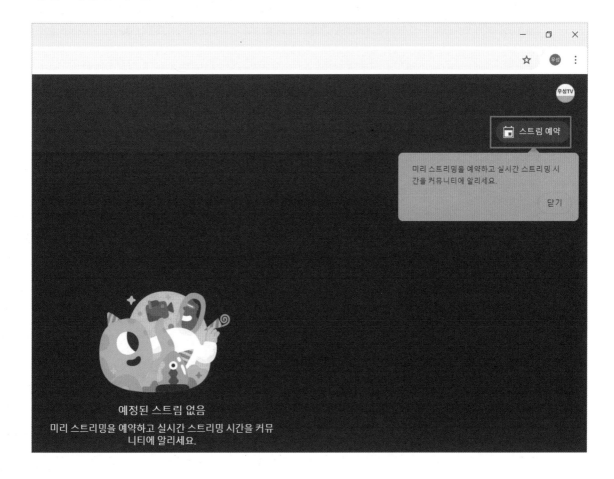

05 맞춤 설정을 했던 대로 제목, 설명, 시청자층 등이 자동으로 입력되어 표시됩니다. 해당 라이브 방송의 제목, 설명 등을 다시 입력합니다.

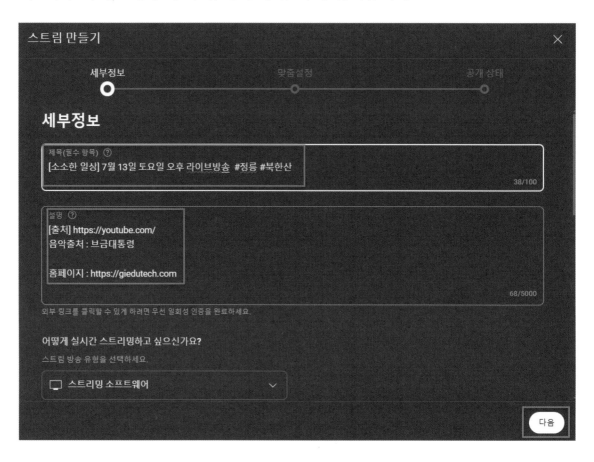

06 두 번째 단계인 맞춤설정에서는 **[다음]**을 클릭합니다.

07 공개 상태에서 **[공개]**를 선택하고, 일정 예약은 **방송될 날짜와 시간으로 변경**한 후 **[완료]**를 클릭합니다.

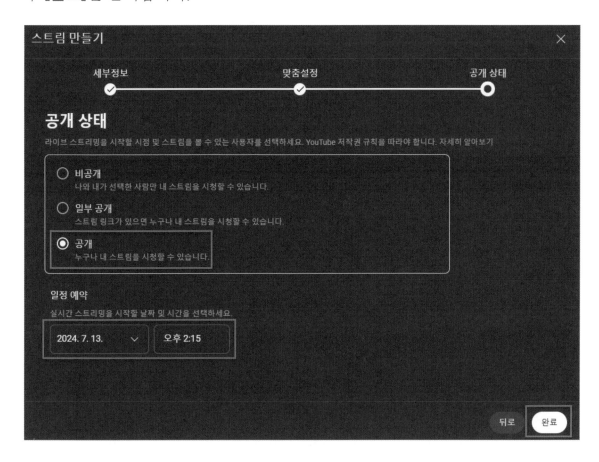

08 OBS 스튜디오에서 방송 시작을 클릭한 후, 관제실에서 **[시작]**을 클릭해야 유튜브에서 방송이 송출됩니다.

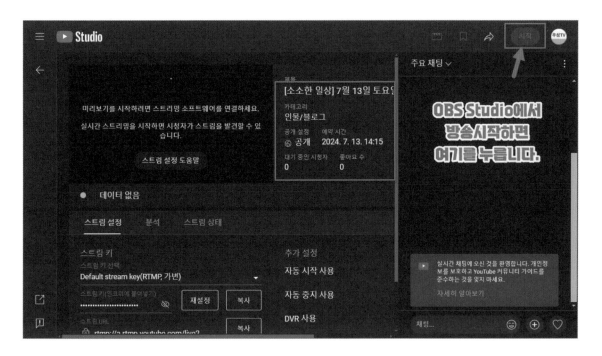

혼자서 연습하기

1 [스트림 예약]을 내일 날짜, 오후 3:30로 설정해 보세요.

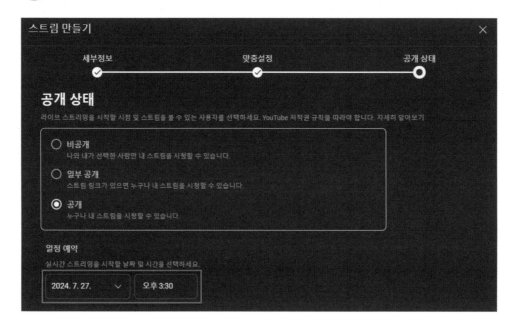

2 스트림 예약한 스케줄을 **다음 달 18일 오후 6:00**로 **수정**해 보세요.

CHAPTER 08

캡컷으로 쉬운 편집하기

캡컷(CapCut)이란 영상을 편집할 수 있는 소프트웨어로 막강한 편집 기능을 갖추고 있으며, 스마트폰용의 앱과 PC용 버전을 모두 사용할 수 있습니다. 특히 무료 앱이면서도 워터마크가 전혀 없어 매우 인기가 높습니다.

결과화면 미리보기

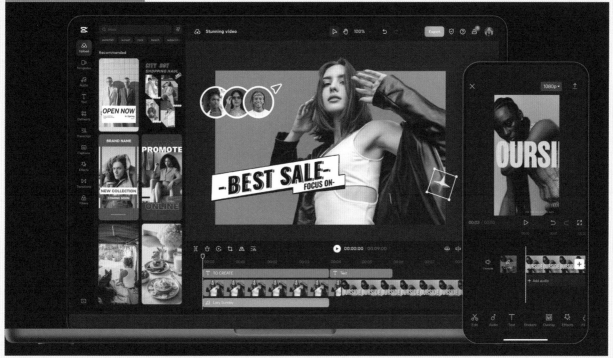

무엇을 배울까?

❶ 캡컷 다운로드와 설치
❷ 캡컷 한글버전 설정하기
❸ 캡컷 대시보드 살펴보기
❹ 캡컷 편집화면 살펴보기

❺ 캡컷 편집화면 살짝 맛보기
❻ 클립 분할하기
❼ 다운받은 영상 분할하기

01 **크롬 브라우저**를 실행하여 **"캡컷"**을 검색한 후, 해당 사이트를 클릭해서 이동합니다.

02 캡컷 페이지가 열리면 **Windows용 다운로드**를 클릭합니다. 다운로드 단추의 위치는 바뀔 수 있습니다.

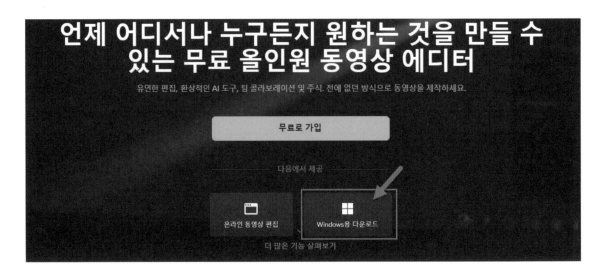

03 다운로드가 3~10초면 끝나며, 오른쪽 상단에 아래와 같이 다운로드가 완료된 것이 표시됩니다. 다운로드한 **설치 파일을 클릭**합니다.

04 다운로드한 파일을 실행하면 아래와 같은 화면이 나옵니다. 진행 상황이 표시되는 곳을 보면 95%에 멈춰 보일 경우가 있는데, 설치를 진행하고 있는 것이므로 **100%가 될 때까지 기다립니다.** 컴퓨터에 따라 생각보다 오래 걸리는 경우도 있습니다.

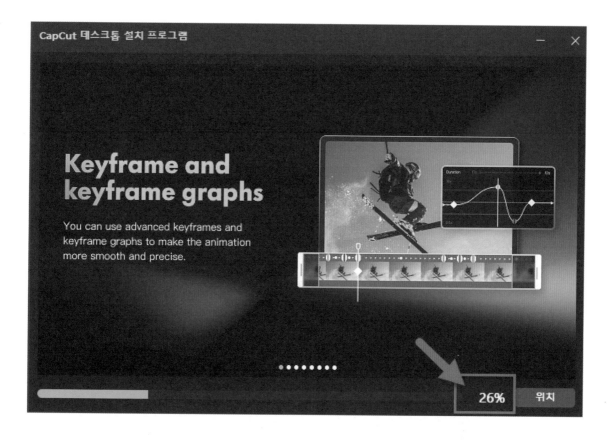

05 설치가 완료되면 캡컷을 실행할 수 있는 PC인지 환경을 테스트하는 화면이 보이게 됩니다. 캡컷을 사용할 수 있는 PC를 확인한 결과 문제가 없다는 화면이 나오면 **[Confirm]** 버튼을 클릭합니다.

06 캡컷 이용정책에 관한 동의를 물어보는 화면이 나오는데 이 화면은 시간에 따라 변경될 수도 있습니다. **[Agree and continue]**를 클릭해서 계속 진행합니다.

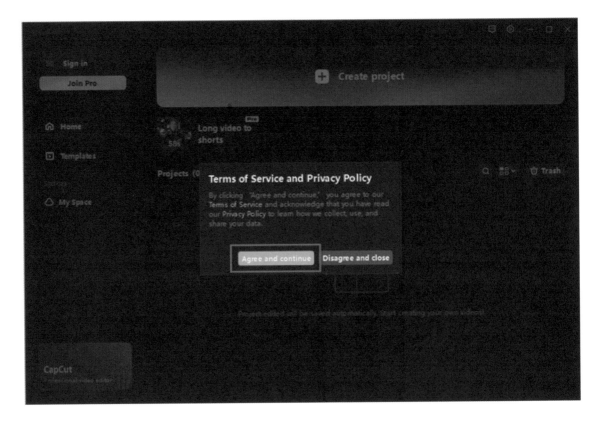

STEP 2 ▶ 캡컷 한글버전 설정하기

01 오른쪽 상단의 **❶톱니바퀴(설정)** 버튼을 클릭한 후 **❷Settings**을 클릭합니다.

02 설정 화면이 나오면 마지막 탭인 **❶[Language]** 탭을 클릭한 후 **❷[한국어]**를 선택하고 **❸[Save]**를 누릅니다.

03 언어를 변경했으므로 다시 시작해야 한다는 창이 보입니다. **[Restart]**를 누르면 캡컷이 다시 실행됩니다.

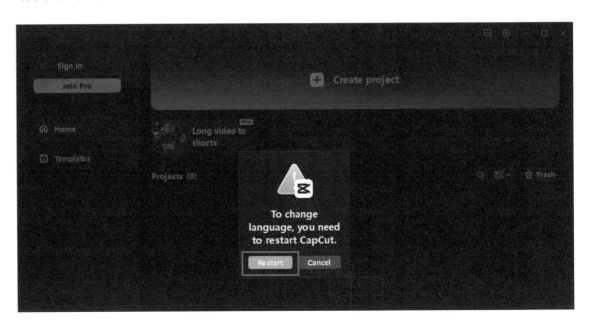

04 아래와 같이 영어버전에서 한글버전으로 전환이 되었습니다. 캡컷은 **수시로 업데이트**를 하고 있으니 **최신 버전**을 유지하세요.

캡컷을 처음 실행했을 때 나타나는 아래 화면을 **"대시보드"**라고 부릅니다. 다양한 작업 결과물들을 펼쳐서 살펴보고 관리하는 화면입니다.

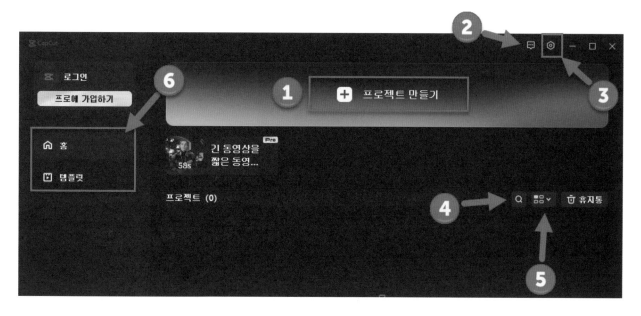

❶ **프로젝트 만들기**: 새로운 영상 작업을 만들 수 있습니다.

❷ **피드백**: 사용하다 문제가 발견되면 신고하고, 답변을 받아볼 수 있습니다.

❸ **설정**: 캡컷의 다양한 설정 작업을 변경할 수 있습니다.

❹ **프로젝트 찾기**: 제작된 프로젝트가 많을 경우 검색할 수 있습니다.

❺ **프로젝트 보는 방식 변경**: 제작된 프로젝트를 보여주는 것으로 격자와 목록 방식이 있습니다.

❻ **홈/템플릿**: 제공된 템플릿을 살펴보거나 다시 대시보드로 돌아오는 기능입니다.

캡컷의 대시보드에서 [프로젝트 만들기]를 누르면 편집화면이 표시됩니다. 아래의 화면은 처음 실행할 때만 나오는 것으로 캡컷의 진행순서를 알려주는 것입니다. 여기에서는 그냥 [끝내기]를 클릭합니다.

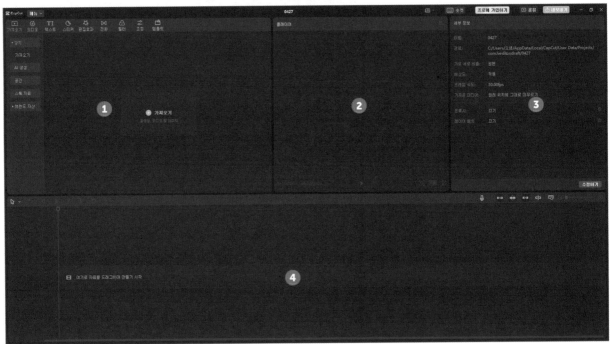

❶ **데이터가 있는 각종 패널(룸:ROOM)**: 영상 편집에 사용할 다양한 자료를 가져오거나 생성하는 곳입니다.

❷ **플레이어(미리보기)**: 영상을 미리보기하는 플레이어입니다.

❸ **세부 정보**: 선택한 클립 정보를 보여주거나 변경할 수 있습니다.

❹ **프로젝트 편집창**: 영상 편집을 트랙으로 구성하는 곳으로, 가장 중요한 곳입니다.

캡컷 편집화면 살짝 맛보기

01 프로젝트 창의 패널에서 **가져오기**를 클릭해서 **[로컬 디스크(C:) > 교재예제(유튜브)]** 폴더에서 아래와 같은 5개의 파일을 가져옵니다.

02 캡컷 미디어 룸에 가져온 파일들이 보이는데, 이미지 클립 4개만 따로 선택합니다. **01번** 이미지는 **클릭**, **04번** 이미지는 Shift+**클릭**하면 4개의 파일을 선택할 수 있습니다.

03 선택된 **4개의 이미지**를 아래 편집창의 "여기로 자료를 드래그하여 만들기 시작" 부분으로 드래그&드롭합니다.

04 **음악 파일**을 선택한 후 아래처럼 편집창에 드래그한 후 놓으면 자동으로 아래 트랙으로 오디오 항목이 들어갑니다.

05 화면 가장 상단에 오늘 날짜로 파일명이 지정되어 있습니다. 클릭해서 **원하는 이름을 입력**한 후 Enter 를 눌러 변경합니다. 여기에서는 '강혜연디스코'라는 이름을 지정합니다.

06 플레이어 창에서 **재생** 버튼을 클릭하면 사진이 **5초씩 재생**되며, **음악**이 흘러나오게 됩니다. 여기까지는 편집 과정만을 보여준 것이며, 실질적인 동영상 파일을 제작한 것은 아닙니다. 창의 오른쪽 상단 **[닫기]** 단추를 클릭해 프로젝트 편집창을 닫습니다.

STEP 6 > 클립 분할하기

01 대시보드에서 앞에서 만들었던 **"강혜연디스코"** 프로젝트를 클릭해서 프로젝트 편집을 열어줍니다.

02 화면 아래에 편집창을 보면 영상보다 오디오 길이가 더 길어서 영상이 끝나더라도 음악이 계속 나오게 됩니다.

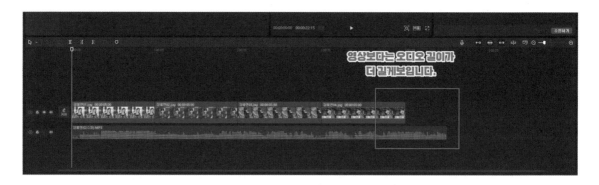

03 영상에 맞춰서 오디오 클립의 길이를 줄여보도록 합니다. 플레이 헤드를 **이미지 클립의 끝으로 드래그**해서 맞춰줍니다.

04 오디오 트랙을 클릭한 후 Ctrl + B 를 눌러 분할합니다.

05 Delete 를 눌러서 분할된 뒤쪽에 있는 오디오 클립을 지워줍니다.

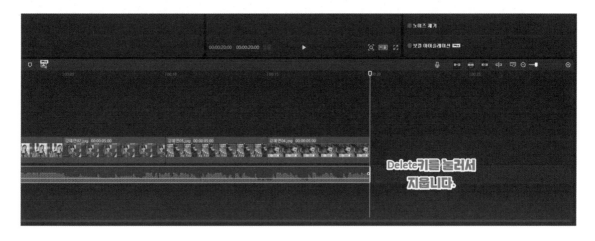

06 플레이어 창에서 **재생** 버튼을 눌러서 영상을 재생합니다.

07 음악이 갑자기 뚝 끊겨서 페이드 아웃을 시켜주면 좋겠습니다. 오디오 클립을 선택한 후, 우측 상단의 세부 정보 창에서 **페이드 아웃** 시간을 **3초** 정도로 드래그해서 맞춰본 후 재생해 봅니다.

08 페이드 인과 페이드 아웃을 적절하게 조절해서 갑자기 시작되거나 끝나는 오디오를 여기서 조절하면 됩니다. 물론 전체적인 볼륨 적용도 해당 세부 정보 창에서 해결합니다.

01 크롬 브라우저에서 픽사베이 사이트로 이동합니다.

02 픽사베이 사이트에서 검색할 단어는 ❶"여행", 분류는 ❷[비디오]로 선택한 후 아래와 같은 ❸동영상 파일을 클릭합니다.

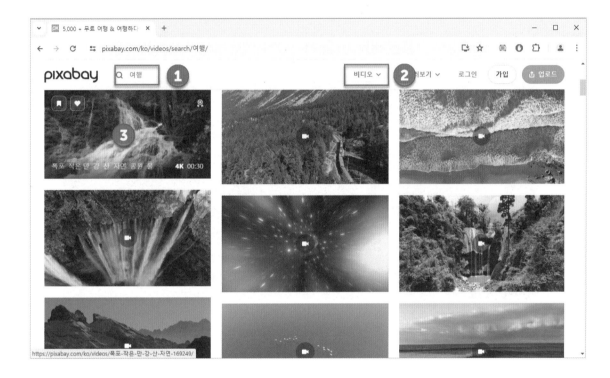

03 ❹다운로드를 클릭한 후 사이즈는 변경하지 말고 ❺다운로드합니다. 여기서 다운로드한 동영상은 기본적으로 다운로드 라이브러리에 저장됩니다.

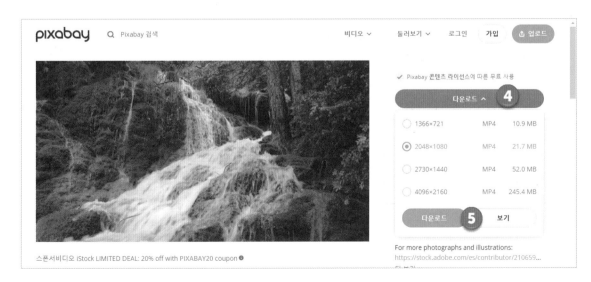

04 닫기를 눌러서 다시 픽사베이 화면으로 되돌아갑니다.

05 캡컷을 실행한 후 **프로젝트 만들기**를 클릭합니다.

06 **가져오기**를 클릭해서 **다운로드** 라이브러리에 저장되어 있는 다운로드한 영상을 **열기**합니다.

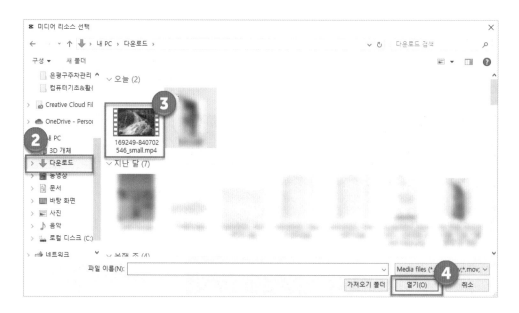

07 가져온 영상 클립을 편집창으로 드래그해서 추가합니다.

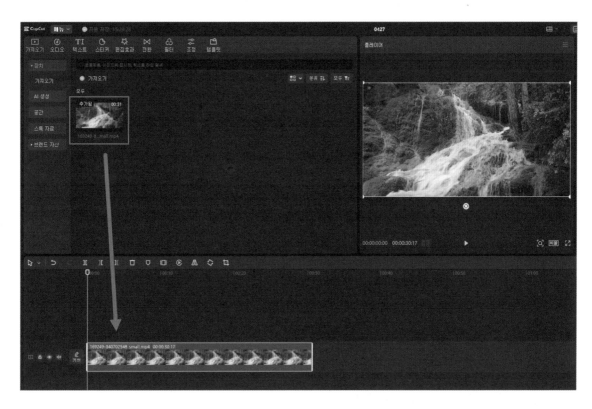

08 영상 클립은 총 30초 17프레임으로 **10초 0프레임**으로 플레이 헤드를 이동합니다. 방향키를 이용하면 정확한 프레임 이동이 가능합니다.

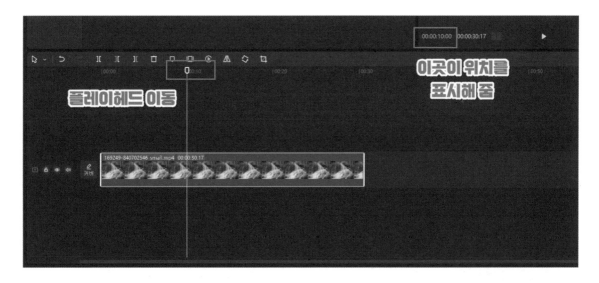

09 Ctrl + B 를 눌러 영상을 분할하고, 20초에 다시 한번 분할하여 총 3개의 영상으로 분할합니다. 상단의 파일명을 **이끼계곡**이란 이름으로 변경합니다.

혼자서 연습하기

① **펙셀스** 사이트에서 **"여행"**에 관련된 동영상 3개를 이어 붙여서 영상을 만들고 프로젝트를 저장해 보세요.

② **픽사베이**에서 여행에 관련된 음악을 다운로드하고, 앞에서 제작한 프로젝트 영상에 포함시켜 보세요.

캡컷으로 고급 편집하기

캡컷으로 영상의 컷 편집을 할 때 다른 사람의 얼굴이나 상호, 차량번호 등이 노출되어 문제가 발생할 수 있는 사항은 편집하면서 제거하거나 가려야 합니다. 필요할 때 활용할 수 있는 몇 가지 방법을 소개합니다.

결과화면 미리보기

무엇을 배울까?

❶ 스티커 분할로 작업하기
❷ 트래킹 작업하기
❸ 마스크 작업하기
❹ 배경만 흐리게 작업하기
❺ 신체효과로 가리기

❻ 배경 제거(오려내기)
❼ 동영상 역방향/미러링
❽ 배경 제거 클립 효과
❽ 크로마키 합성하기

01 크롬 브라우저로 **펙셀스** 사이트에서 **"가족"**을 **동영상 검색**하여 아래의 영상을 다운로드한 후 캡컷의 **프로젝트 만들기**에서 **가져오기**를 합니다.

02 ❶**스티커**를 클릭한 후 ❷**가리기**(커버업)를 누르면 오른쪽에 다양한 가리기 형태가 나오는데 ❸**모자이크**를 영상 클립 위로 드래그합니다.

03 모자이크로 가리려는 **남자 얼굴 부분에 크기를 조절**해서 가려줍니다.

04 메인 트랙 위에 추가된 모자이크 스티커의 길이를 **영상 클립과 동일하게** 늘려줍니다. 스티커 트랙의 끝에 마우스를 올려놓은 후 길이를 늘려주면 됩니다.

05 Spacebar 를 누르면 재생되고, 일시정지도 역시 Spacebar 를 누르면 됩니다. 재생을 하는데 피사체 얼굴이 모자이크 영역을 벗어날 때 일시정지를 한 후, Ctrl + B 를 눌러 분할을 한 다음 모자이크를 이동합니다.

06 위와 같은 작업을 반복해서 작업해 준 후 재생해 보세요.

STEP 2 ▶ 트래킹 작업하기

01 앞에서 작업한 모자이크 트랙을 선택한 후 **삭제**를 합니다.

02 다시 한번 모자이크 스티커를 아래와 같이 얼굴에 조절한 후 트랙에서도 영상 클립에 길이를 맞춥니다.

03 ❶**모자이크 트랙**이 선택되었으면 상단 세부 정보 창에서 ❷**[트래킹]**을 클릭한 후 ❸**[모션 추적]**을 클릭합니다.

04 ❶**노란 트레이서의 가운데 +를 드래그**해서 모자이크에 맞춘 후, 트레이서의 크기를 적당하게 조절한 다음 ❷**[시작]**을 클릭하면 추적을 시작하게 됩니다. 재생을 해서 잘 되는지 확인합니다.

STEP 3 ▶ 마스크 작업하기

01 아래처럼 같은 영상을 2개의 트랙에 추가한 후 **위쪽 레이어**를 선택합니다.

02 ❶[편집효과]를 클릭한 후 검색어에 ❷**"흐리게"**를 입력한 후 ⌜Enter⌟를 누릅니다.

03 **흐리게 효과**가 여러 개 나오는데 첫 번째를 드래그해서 **레이어2**에 드래그해서 올려놓습니다.

04 **레이어2**에 편집효과(흐리게)가 정상적으로 추가된 모습은 아래 그림과 같습니다. 만약 흐리게 효과가 별도의 **레이어3**으로 추가되었다면 잘못된 것이므로, Ctrl +Z를 눌러서 실행취소한 후 다시 작업해 봅니다.

05 Home 키를 눌러서 클립의 처음으로 이동시킨 후, **❶레이어2(흐리게)** 클립을 클릭합니다. 트랙 클립의 세부 정보 창에서 **❷마스크**를 누른 후 **❸원**을 선택합니다.

06 남자의 얼굴에 **마스크 크기**를 적당하게 조절한 후, 재생하면서 얼굴이 벗어난 곳은 **분할하고** 마스크를 **이동하면서** 조절합니다. 이 작업은 앞 과정과 동일하게 반복하면 됩니다.

STEP 4 ▶ 배경만 흐리게 작업하기

01 **픽셀스** 사이트에서 **"여행"**을 동영상 검색해 아래처럼 구성합니다.

02 편집효과에서 "흐리게"를 검색하여 **두 번째 흐리게 효과를 레이어2**에 드래그한 후, 상세정보 창에서 흐리게 값을 ❶**"20"**으로 정한 후 ❷**개체**로 나갑니다.

03
개체 세부 정보 창에서 ❶[마스크]를 클릭한 후 ❷[원]을 선택한 다음 가려질 얼굴로 크기를 조정한 후 ❸마스크를 이동합니다.

04
마스크 창에서 [역방향]을 클릭하면 흐리게 효과가 반대로 지정이 됩니다. 재생해서 작업결과를 확인합니다.

01 앞에서 다운로드한 영상을 프로젝트 만들기로 구성한 후 **"신체효과가리기"**로
저장을 합니다.

02 ❶[편집효과] ▶ ❷[신체 효과] ▶ ❸[가리기] ▶ ❹[시선 감추기]를 차례대로 선
택합니다.

03 **시선 감추기** 효과를 드래그해서 메인 트랙 클립 위에 올려놓은 후 마우스를 드롭합니다.

04 시선 감추기의 **위치**를 조정하거나, 시선 감추기 **색상 변화 속도**를 맞추고, 색상을 검정이 아닌 다른 색상으로 하기 위해 세부 정보의 값을 변경해 보세요. **초기화**를 누르면 첫 번째 값으로 되돌려줍니다.

STEP 6 ▷ 배경 제거(오려내기)

01 **픽사베이** 사이트에서 아래의 **영상 2개**를 다운로드합니다. **"여성"**과 **"골목"**을 각각 검색해서 다운로드합니다. 해상도를 변경하지 않고 고정된 상태 그대로 다운로드해 줍니다.

02 캡컷 프로젝트에서 편집창 **메인트랙**에 **골목**, **레이어2(트랙2)**에 **여성**을 아래처럼 올려놓습니다. 골목 영상이 더 길어서 레이어2의 클립 마지막 길이 위치에 플레이 헤드(인디케이터 바, indicator bar)를 위치시킨 후, **메인트랙을 클릭한 후 오른쪽을 잘라서 버립니다.**

03 배경을 오려낼 **레이어2** 클립을 선택한 후 Home 키를 눌러서 플레이 헤드를 **처음**으로 이동시킵니다.

04 동영상 클립의 세부 정보 창에서 동영상이 선택되어 있는 것을 확인한 다음 **[배경 제거]**(오려내기)를 선택합니다. 버전에 따라 [오려내기]라고 나오는 경우도 있습니다.

05 **자동 삭제**의 옵션 버튼을 클릭해서 **체크**하는 순간 자동 오려내기 작업이 진행되며, 100% 완료되면 합성된 결과가 미리보기로 보입니다.

06 재생을 하면 아래와 같이 합성된 결과로 보여집니다. 하지만 골목은 사람과 반대 방향으로 가고 있는 것을 알 수 있습니다.

STEP 7 ▶ 동영상 역방향/미러링

01 ❶골목 레이어를 선택한 후 도구에서 ❷[역방향]을 클릭합니다. 영상을 재생해 보세요.

02 이번에는 **골목 레이어**를 선택한 후 **[미러링](좌우 뒤집기)** 기능을 클릭한 다음 영상을 재생해 보세요.

01 **세부 정보** 창에서 배경 제거 작업을 이어서 할 경우, 획(스트로크)에서 **직선 스트로크**를 선택하면 아래처럼 테두리에 흰색으로 처리됩니다.

02 세부 정보 창에서 마우스휠을 굴려 아래로 내리면 **색상, 크기, 불투명도** 등을 변경할 수도 있습니다.

STEP 9 크로마키 합성하기

01 **픽사베이** 사이트에서 **"비"**를 검색하여 아래와 같은 **사진**을 다운로드 합니다.

02 **캡컷**에서 **프로젝트 만들기**를 눌러 상단의 파일이름은 **"비오는 거리"**로 입력하고, 아래와 같이 **다운로드한 사진**과 **[로컬 디스크(C:) > 교재예제(유튜브)]** 폴더의 **크로마키-창가**를 편집창에 넣어줍니다.

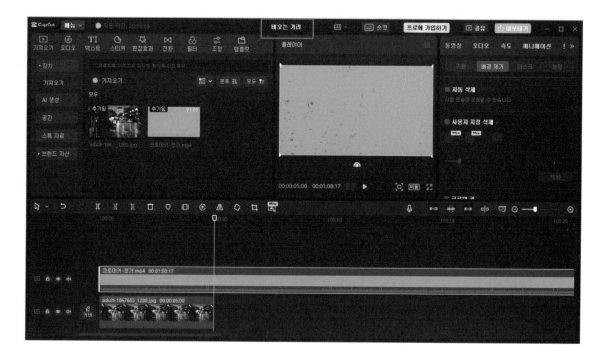

03 메인 트랙의 **사진 이미지를 복사**(Ctrl+C)를 한 후, **세 번만 붙여넣기**를 합니다. 새로운 레이어가 생성되면서 붙여넣기가 되므로, 메인 트랙으로 드래그하여 이동시킵니다.

04 ❶**[타임라인에 맞게 크기조정]**을 클릭해서 아래와 같이 모든 클립이 보이도록 합니다. ❷**4개**의 같은 사진 이미지가 있어야 합니다.

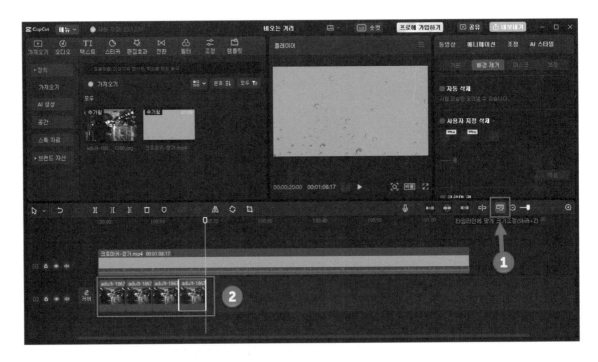

05 메인 트랙에 맞춰 **레이어2(크로마키-창가)의 길이**를 분할해서 남은 **오른쪽을 삭제**합니다. 상황에 따라 길이가 긴 부분을 삭제하는 것입니다.

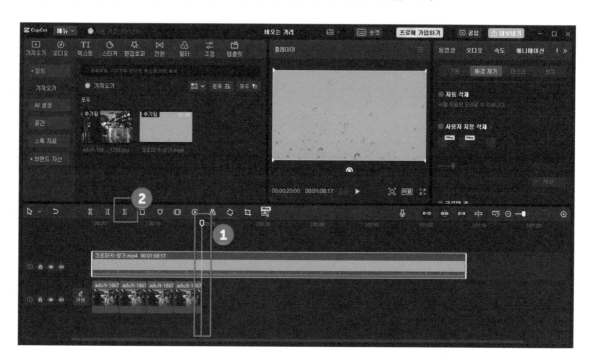

06 플레이 헤드를 **처음으로 이동**한 후 **크로마키-창가** 클립의 세부 정보 창에서 **[배경 제거(오려내기)]**를 클릭합니다.

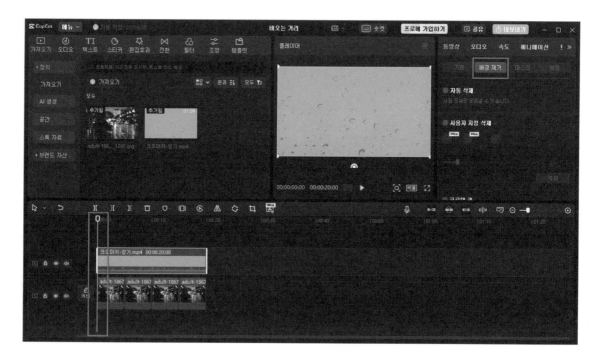

07 세부 정보 창에서 아래로 휠을 굴려 **❶크로마키**를 **체크**한 후, 미리보기 영상의 **❷ 투명하게 할 색상**을 클릭합니다.

08 **채도와 그림자**를 조절하면 되는데, 채도는 100을 주게 되면 크로마키(초록색)이 모두 선택되어 투명해지며 그림자는 적당하게 보면서 조절해 줍니다.

① **픽사베이** 사이트에서 **공룡** 크로마키와 **도시** 영상을 다운로드해서 아래처럼 만들어 보세요.

② **학생**과 **바닷가** 영상을 다운로드해서 아래처럼 만들어 보세요.

유튜브 채널 관리하기

채널에 이미 올려놓은 콘텐츠라도 YouTube 스튜디오에서 간단한 편집(잘라내기, 블러 효과)이 가능합니다. 또한 영상 재생 중에 정보 카드를 표시하는 방법과 브랜드 계정으로 채널을 이전하여 관리하는 방법도 배웁니다.

결과화면 미리보기

무엇을 배울까?

❶ 콘텐츠 편집하기

❷ 얼굴 흐리게 처리하기

❸ 정보 카드 표시하기

❹ 채널 이전하기

콘텐츠 편집하기(트림&자르기)

01 [YouTube 스튜디오]에서 콘텐츠를 **편집할 영상**을 **클릭**합니다. 본인이 올려놓은 아무 영상이나 선택해 실습합니다.

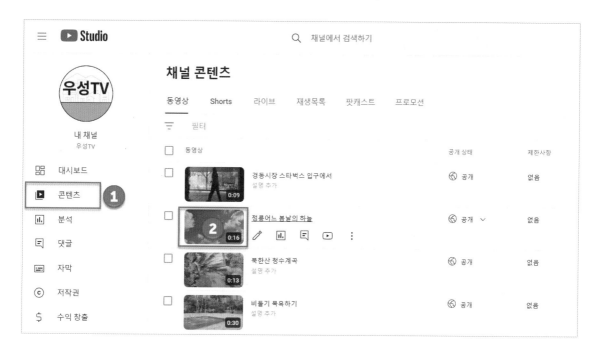

02 채널 콘텐츠의 동영상 세부정보가 열리면 **[편집기]**를 클릭합니다.

03 특정 영역을 잘라서 버리고, 필요한 부분을 남기는 **[트림&자르기]** 기능을 클릭합니다.

04 **[+새로운 구간 잘라내기]** 버튼을 클릭하면 아래 트랙에 잘라낼 구간이 빨간색으로 표시됩니다.

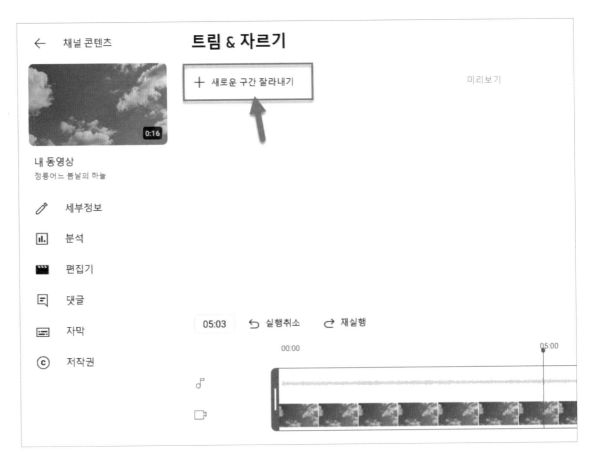

05 잘라낼 ❶시작과 ❷끝 위치를 조절한 후 ❸[잘라내기]를 클릭합니다.

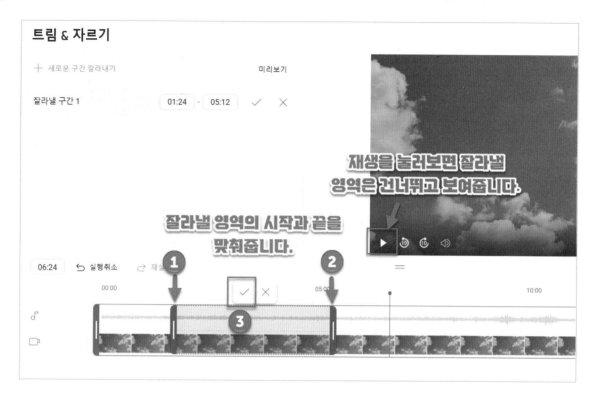

06 계속해서 다른 위치에 잘라낼 구간을 추가하기 위해 플레이 헤드를 표시된 영역 밖을 클릭한 후 [+새로운 구간 잘라내기]를 클릭합니다.

07 두 번째 잘라낼 구간을 선택한 후 **[확인]**을 클릭합니다.

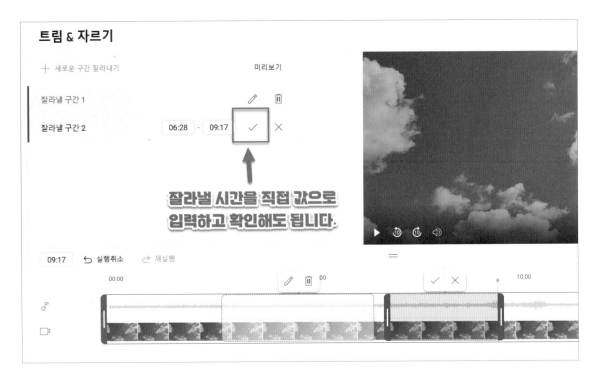

08 **[저장]**을 클릭합니다. 시간이 많이 걸릴 수 있으므로 닫고 나가도 됩니다.

STEP 2 › 얼굴 흐리게 처리하기

01 **얼굴이 포함된 영상** 콘텐츠를 스튜디오에서 선택하여 [편집기]로 이동한 후 **[블러]**를 클릭한 다음 **[얼굴 흐리게 처리]**를 누릅니다.

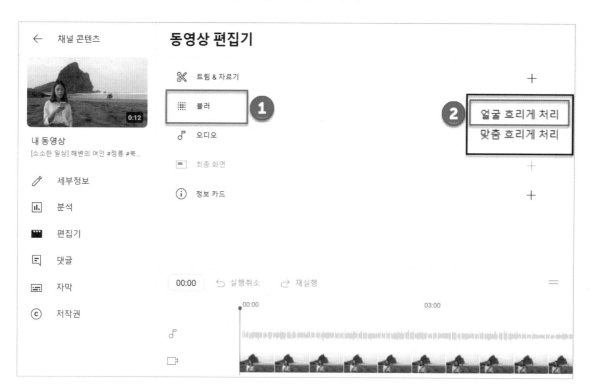

02 얼굴 인식중이라는 창이 나오고 잠시 기다리면 아래와 같이 영상에 있는 얼굴 목록이 나옵니다. 블러 처리하려는 ❶얼굴을 선택한 후 ❷**[적용]**을 클릭합니다.

03 우측 상단의 [저장]을 클릭해서 영상 마무리 작업을 진행합니다.

04 변경사항을 저장할 것인지 물어보는 대화상자가 나오면 [저장]을 클릭합니다. 변경작업이 끝나는 시간이 꽤나 오래 걸리고, 영상의 길이에 따라 몇 시간이 걸릴 수도 있다고 합니다. 가급적 이렇게 작업하는 것을 권장하지는 않습니다. 캡컷 같은 앱을 이용해서 작업해 보세요.

변경사항을 저장하시겠어요?

변경사항이 적용되는 데 몇 시간 정도 걸릴 수 있습니다. 적용되는 동안 아래와 같이 처리됩니다.

- 시청자에게 동영상의 현재 버전이 표시됩니다.
- 동영상의 다른 부분을 변경할 수 없습니다.
- 수정사항을 실행취소할 수 있도록 원본 버전의 동영상이 저장됩니다. 자세히 알아보기

기다리는 동안 이 사이트에서 나가도 됩니다.

취소　저장

STEP 3 → **정보 카드 표시하기**

01 채널 콘텐츠의 [편집기]에서 ❶[정보 카드]를 클릭한 후 ❷[동영상]을 선택합니다.

02 ❸"동해안"을 검색한 후 ❹영상을 클릭하면 특정 시간에 영상의 우측 상단에 정보 카드를 표시할 수 있습니다. 여기에서는 다른 채널의 동영상을 검색했지만 내 채널의 동영상을 골라도 됩니다.

03 아래 트랙에서 카드의 표시 위치를 드래그해 다른 시간으로 변경할 수도 있습니다. 우측 상단의 **[저장]**을 클릭합니다.

04 동영상을 재생하면 표시한 시간이 되었을 때 아래와 같이 나타납니다.

STEP 4 ▸ 채널 이전하기

01 유튜브 채널은 계정 채널과 브랜드 채널로 구분됩니다. 계정 채널을 이동해야 하는 경우 반드시 알아야 하는 내용입니다. 내 채널에서 ❶[계정] 아이콘을 클릭한 후 ❷[설정]을 클릭합니다.

02 ❸[고급 설정 보기]를 클릭합니다.

03 ❹[브랜드 계정으로 채널 이전]을 클릭합니다.

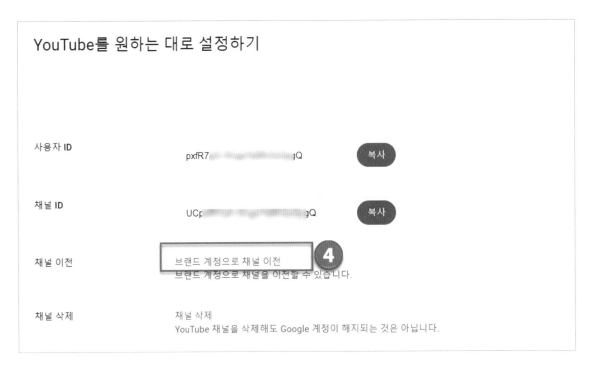

04 ❺구글계정 비밀번호를 입력한 후 ❻[다음]을 클릭합니다.

05 본인 인증과정을 휴대폰에 지금 변경하려고 하는 사람이 **본인이 맞는지 확인하는 과정**이 나옵니다. 2단계 인증에 패턴이나 지문을 걸어두었으면 해당하는 과정을 실행해야 합니다.

06 계정 채널만 사용했기 때문에 **[이전 가능한 다른 계정이 없습니다.]**라는 메시지가 나타납니다. 이전할 채널을 새로 만들어야 합니다.

07 ❶**[계정]**을 다시 클릭한 후 ❷**[새 채널 만들기]**를 클릭해서 브랜드 채널을 생성합니다.

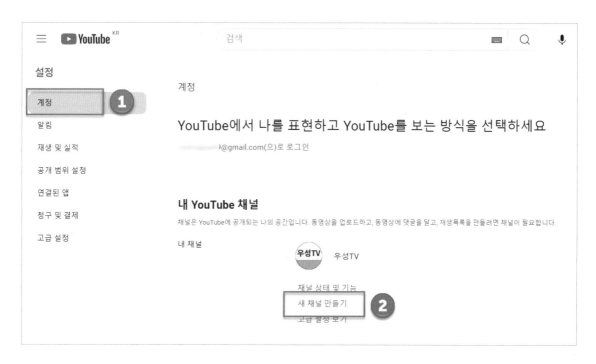

08 ❶[채널 이름]을 입력하고 ❷체크한 후, ❸[만들기]를 클릭합니다.

09 앞의 **01번부터 다시 진행**하면, 다음과 같이 채널을 이전할 계정 선택 화면이 나옵니다. [교체]를 클릭합니다.

10 브랜드 채널에 있는 사항들이 삭제됩니다. 절차를 이해했다고 체크한 후 **[채널 삭
제]**를 클릭합니다. 이전을 위해 방금 만든 채널이므로 삭제해도 관계 없습니다.

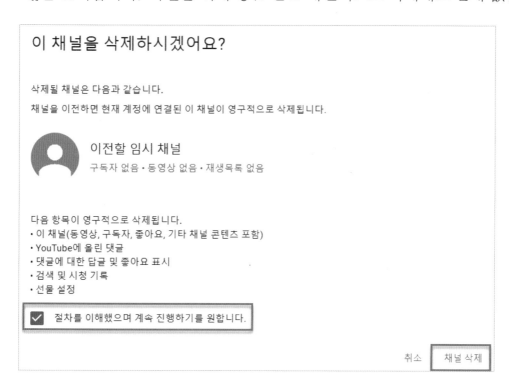

11 이전 시 변경되는 사항을 읽어본 후 **[채널 이전]**을 클릭합니다.

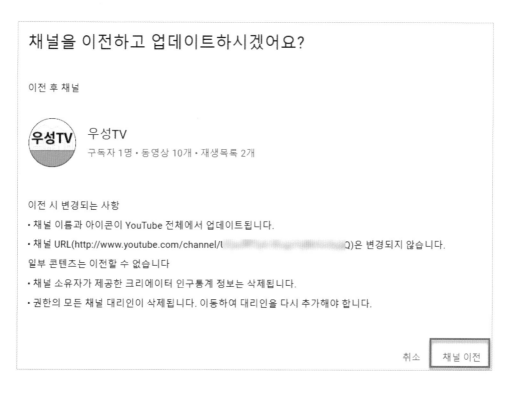

12 채널이 이전되었습니다. 유튜브 계정으로 로그인해서 계정 아이콘을 클릭하면 아래와 같이 [채널 만들기]로 나타납니다.

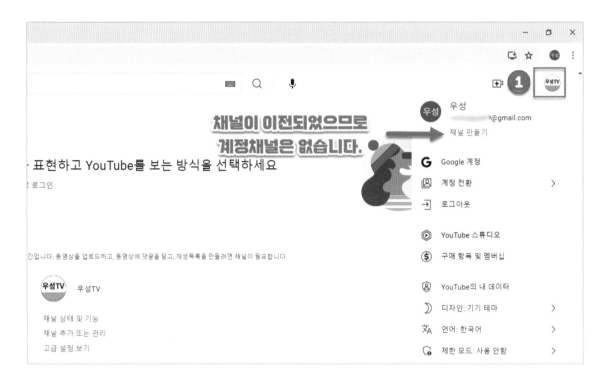

13 **[계정 전환]**을 클릭하면 아래와 같이 브랜드 채널로 이동된 것을 확인할 수 있습니다.

혼자서 연습하기

1 아래와 같이 **동영상 편집기**에서 **[오디오]**를 추가해 보세요.

2 **[정보 카드]** 2개 영상을 05:00과 10:00에 **"서해안"** 영상으로 연결해 보세요.

● MEMO